ポスト コロナ時代の 新たな 学校づくり

髙階玲治　編著

髙階玲治　教育創造研究センター所長
喜名朝博　東京都江東区立明治小学校長、全国連合小学校長会会長
田中庸恵　千葉県市川市教育委員会教育長
小林一博　北海道教育大学附属釧路中学校副校長
有村久春　東京聖栄大学教授
田上富男　栃木県真岡市教育委員会教育長
住田昌治　横浜市立日枝小学校長
佐藤　真　関西学院大学教授
妹尾昌俊　教育研究家、学校・行政向けアドバイザー
堀田龍也　東北大学大学院教授

学事出版

はじめに

2020年は新学習指導要領の完全実施の年度として新しく教科書が変わり、明るいスタートになる予定だった。また、東京オリンピック開催という輝かしい年になるはずだった。

それが新型コロナウイルスによるパンデミックによって激変した。学校は３・４・５月と休校になり、６月に開校しても、マスク登校、３密回避など極めて不自然な状態が続いた。

まったく予期しない事態に学校は混乱した。

今回のコロナ騒動は、校長はじめ教員個々は未曽有の体験を重ねたであろう。休校は子供の家庭の過ごし方、生活・学習習慣の維持をどうすべきかが課題となり、開校後は３密を避けながらの教育内容の確実な実施に腐心した。学校は多くの場合、自力で状況に応じた対応をせざるを得なかったのである。その体験は重要である。

その状況は、本書の巻末の「緊急アンケート調査」にみられるように、極めて難しい対応を必要とした。学校は精一杯努力し続けて、この混乱を乗りこえてきた。しかし、なお多くの乗りこえるべき課題が山積している。

本書は、こうしたポストコロナの状況において、学校教育をどう考え、どう対処すべきかについて、いくつかの視点からの考察を提示したいと考えた。

その最も重要な点は、子供一人ひとりが安心・安全な状況で登校し、積極的に学習に参画できることである。また、年間授業時数の不足など課題は大きいが、子供が必要とする当該学年の学びの獲得には多くの創意工夫が必要とされる。

ただし、それは従来型の学校スタイルに戻ることを意味しない。

例えば、授業時数の縮減から単元の学習内容の２割程度を家庭での自学自習で行う、という文科省の案がある。学校がすべて引き受けるのではなく、学校と家庭学習とのコラボレーションである。その必要性は休校中の家庭学習で教師の多くが気づき、子供に自学自習を身につけたいと考えていたことであった。

また、休校続きで対面学習ができない状況から生まれたのが学校と家庭学習をつなぐオンライン学習である。さらにGIGAスクールの構想によって、子供個々に端末機器が導入されることでICT教育が一挙に促進する。コロナ禍の最中でも新たな教育の展開が見られたのである。

それはポストコロナ時代が、新たな学校マネジメントを必要とすることを意味する。本書が目指すのもそのような新たな学校づくりである。

コロナ禍による学校が超えなければならない課題はなお多く残っていて、それをやりこなす学校や教職員の労苦に敬意を表するが、それを突破したあとの新たな明るい展望を期待したいと考える。

本書がポストコロナにおける近未来の教育への指針として多くの読者の参考になることを願っている。

教育創造研究センター所長
髙階玲治

ポストコロナ時代の新たな学校づくり

目次

第1章

コロナ休校をどう乗り越えたか

Ⅰ 喜名朝博 東京都江東区立明治小学校長
全国連合小学校長会会長
Ⅱ 田中庸恵 千葉県市川市教育委員会教育長
Ⅲ 小林一博 北海道教育大学附属釧路中学校副校長

I コロナ休校
学校は開校をどう目指したか

1 突然の臨時休業

(1) ドキュメント

令和2年2月27日16時、全連小事務局から情報が入った。「この後の会見で首相が、3月2日から3週間の全国一斉臨時休業を要請するようだ。」(文科省も、春休みまで休業にするとは聞いていなかった。) すぐにテレビをつけ、幹部職員や学年主任を集めた。経緯を説明し、臨時休業期間中の家庭学習の内容を一覧にすることや学習課題として準備できることは可能なかぎり準備するよう指示した。また、追加情報はホームページで発信していくことを確認した。明日1日しかない、教職員は誰もが焦っていた。学年会を開き、話し合いながら傍らでは文書を作っていた。18時半過ぎ、首相の会見が始まった。「…3月2日から春休みまで、臨時休業を行うよう要請します。…」「えーっ」という声があがったが、すぐに「卒業式はどうなる」「修了式はできるの」という心配事がわき出してきた。学校の臨時休業を決定できるのは設置者のみである。設置自治体に判断が迫られた。

2月28日、6年生にとっては最後の登校日となってしまうかもしれない日となった。ニュース等で臨時休業について既に知っているため、子どもたちは、落ち着いていた。ただ、6年生の不安と悲しみが錯綜した顔は忘れられない。

(2) つながり

学校の3月、それは学年のまとめの月である。毎年クラス替えをしている本校では、締めくくりとしての「学級じまい」を大切にしてきた。特に6年生は、進路も決まり、ほっとした気持ちで友だちと過ごす大切な一月である。卒業式の練習も始まり、卒業への気持ちの高まりと進学への期待を醸成する時間だったはずである。６年担任は、卒業式までの詳細な予定を立て、担任としての思いを伝えていくことを考えてきた。初めて卒業生を送り出す担任は泣いていた。

それでも、この臨時休業は、子どもたちの生命を守るための措置である。季節性インフルエンザとは訳が違う。「生命最優先」という基本に立ち返り、できることを考えていくしかない。この休業期間中、第一に考えたのは「つながりを絶やさない」ことである。子どもたちが、担任や友だちと、そして学校とつながっていることを実感させるため、ホームページに学年から子どもたちへの発信のページを特設し、週３回の発信を続けた。さらに、一斉送信システムを活用し、保護者のメールや LINE に必要な情報やホームページの更新情報を流していった。また、家庭へ電話で連絡し、子どもたちや保護者と直接つながりをもった。子どもたちも、外にも出て遊ぶこともままならず、担任の声を聞くことで少なからず安心したようである。

（３）見えてきた課題

本校が利用している一斉送信システムは、パソコンやスマートフォンを使って、保護者のメールや LINE に情報を送ることができる。学年毎の送信も可能で、日常的にも活用している。しかし、数軒ではあるが、メールや LINE を確認できない家庭もある。この家庭には、電話で連絡するとともに、学校の掲示板の確認をお願いした。郵送による情報発信も考えたが、即時性は担保できない。このことについては後述するが、日本の家庭の ICT 環境は十分とは言えず、情報連携という課題が浮き彫りになった。

このシステムを使って「３月25日、卒業式を実施します。」という情報を発信した。来賓なし、在校生不参加、時間短縮のため代表児童への証書授与など、異例の式にはなったが、卒業証書を渡すという校長の責任を果たすことができた。簡略化された式ではあったが、これまで礼法指導などに時間をかけてきたのは何だったのかと思うほど、子どもたちは立派にやり遂げた。緊張感がそうさせたのかもしれないが、これからの学校行事の在り方について考えさせられた。

2　緊急事態宣言

（1）ドキュメント

4月1日、新年度が始まった。本校には臨時的任用も含めて4人の初任者が配置された。翌週から学校が始まることを前提に、先輩教員とともに新学期の準備を始めた。しかし、東京でも感染者が急増し、ロックダウンや非常事態宣言という言葉も出てきた。学校は始められるのか、入学式はどうするのかという待ったなしの問題が設置者に突きつけられていた。

4月6日、入学式は校庭で行った。当初、体育館での実施を予定していたが、感染拡大の状況から急遽校庭で実施する判断をし、教職員総出で準備をしてくれた。始業式を行わないことは、前日の日曜日に知らされ、前述のシステムを使ってすぐに保護者に伝えた。

4月7日、緊急事態宣言の発令。それに伴う学校の臨時休業は、延長を繰り返しながら、5月末まで続いた。この間、電話連絡等による子どもたちとの「つながり」に加え、学びの保障が大命題となった。3月から続けているホームページでの発信に加え、定期的に印刷物による課題を配付してきた。また、昇降口の前に書籍ラックを持ち出し、子どもたちが自由に本を借りられるようにした。「げたばこ図書館」と名付けたこのシステム、本が戻ってこないのではないか、名前くらい書かせたらどうか、という声もあったが、「有事は性善説で対応」という原則を守った。公立図書館も閉じており、本を楽しみにしていた子どもたちがたくさん来てくれた。同時に教職員の健康安全管理の観点から、在宅勤務も奨励され、リモートワークによる子どもたちへの課題作成、再開後の授業準備を進めてきた。

臨時休業の長期化や再開したとしても再度の臨時休業も予想され、教育課程の確実な実施が危うくなってきた。このことについて全連小は、何回となく文科省教育課程課等とご相談させていただいてきた。

5月14日、全連小は初中局長あてに要望書「新型コロナウイルス感染防止のための新しい行動様式に対応した諸条件の整備、並びに、子どもたちの学力保障のための教育課程の特例措置等にかかわる要望」を提出し、教育課程上の特例措置についてお願いした。合わせて「９月入学・始業の導入に関わる意見書」を提出し、新型コロナウイルスが収束した後に時間をかけて議論いただくよう意見を表明した。

５月15日、文科省は「新型コロナウイルス感染症の影響を踏まえた学校教育活動等の実施における『学びの保障』の方向性等について」を通知し、次年度以降を見通した教育課程編成や学校の授業における学習活動の重点化について、その方向性を示した。

６月５日には「学校の授業における学習活動の重点化に係る留意事項について（通知）」とともに「『学びの保障』総合対策パッケージ」を公表した。これにより再開後や再度の臨時休業にあっても、学びを止めないための指針や方策が明らかになった。各学校は年度内の教育課程実施を目指すことを基本にするものの、時間的に困難になった場合の保険となる。しかし、６年生については、校種を超えた持ち越しは不可能であり、指導計画の圧縮と学習内容の重点化が必須となった。

（２）授業時数確保と教職員の勤務

前述のように、授業日数不足により教育課程を終えることが難しくなった。標準授業時数を下回ることは問題ではないが、学習指導要領の目標及び内容は削減することはできない。各学校や教育委員会は、長期休業日の短縮、土曜授業や７時間授業の実施、学校行事の中止などにより授業時間の確保を考えてきた。この動き自体に異論を唱えるものではないが、授業時数の確保のみの走ることは、子どもたちや教職員の加重負担になる。特に夏季休業期間に授業を行うことは、熱中症のリスクが高い。校外学習後の小学生が熱中症で亡くなっていることを忘れてはならない。分散登校では、午前と午後の間の消毒、給食時の配慮など、神経をすり減らして仕事をしている。休憩時間や代休も取れないような状況で勤務させることは事故につながる。令和２年４月１日には改正給特法が施行されており、地教委が作成する指針に基づく業務量の適切な管理が求められている。勤務時間の客観的把握と業務量の適切な管理は校長の責任である。

(3) 家庭学習とオンライン学習

3月からの臨時休業中、子どもたちに家庭学習の内容を届けることを考えてきた。それでも3月はほぼ復習なのでよかったが、4月からは新しい教科書に基づく予習となる。1日の学習計画を作らせ、少しでもスムーズに家庭学習が進むよう丁寧な手引きを作った。教職員の努力には頭が下がるが、これでいいのだろうかという思いもあった。それは、教材や課題を用意し、子どもたちの目の前に届けることの意味である。主体的な学習とは、解決すべき課題を自ら見いだし、自ら計画を立て、実行しながらそれをモニタリングして修正し、自分なりの解を導くことである。いつまでも、教師が課題を与えていたら主体性は育たない。奇しくも、この考え方は、4月から全面実施となっている学習指導要領が育成を目指す資質・能力の三つの柱の一つである「学びに向かう力、人間性等」の学びに向かう力そのものである。その要素として「自己調整力」があげられているが、家庭学習こそ、この自己調整力育成のチャンスである。本校でも高学年では、教科書を基本に自ら考えて課題を設定して解決していく学習を奨励してきた。このような学習が日常となっている欧米では、休業中の家庭学習が日本ほど話題になっていない。ここには各国のICT環境の違いも大きく影響している。日常的に学習に端末を使っている諸外国の子どもたちと違い、ゲームや動画視聴、コミュニケーションツールとしてしか使っていない日本の子どもたちには、オンライン学習は未経験となる。それは教職員も同様である。この間、学校や教育委員会は懸命に動画を作成し配信してきた。しかし、オンライン学習は双方向性が担保されなければ学習として成立したとは言いがたい。特に小学校では、一方的に配信される動画を見て学ぶのは難しい。再度の休業に備え、子どもたち一人一人が端末をもち、双方向のオンライン学習ができるようにしておかなければならないが、ここにきて新たな自治体間格差が生じている。それは、自治体のセキュリティーポリシー等の考え方にも表れており、Zoom等のWeb会議システムが使えないということも珍しくない。また、学校でオンライン学習をしようとしても、公的なアカウントが取れず、教職員個人のアカウントでしか行えないなどの矛盾も生じている。インターネット環境が整っていない家庭も予想以上に多く、自治体がルーターを貸与しているところもある。新型コロナ禍にあって、ICT 環境や通信環境の整備の国家的な遅れが明らかになった。小学校の学習は「対面」が原則である。子どもどうしの関わりの中で生まれる人間的ふれあいを大切にしていきたい。オンライン学習がそれに取って代わることはできないが、多様な学びの機会として併用していくことは十分に考えられる。自宅で学習できるシステムは、不登校や病気療養中の子どもたちの教育の可能性を広げる。

3　学校再開

（1）ドキュメント

6月2日からの学校再開が決まった。1学級を二分し、午前組と午後組で登校する。最初の2週間は、1、6年生が週3回、他学年は週2回の登校。次の2週間は登校日数を1日ずつ増やし、簡易給食も始まる。5月中に様々にシミュレーションを行った。三密（密閉・密集・密接）回避、マスク着用、ソーシャルディスタンスの確保、といった「新しい生活様式」をどう作るか、それはこれまでの学校の当たり前を見直すことである。水道や男子トイレの一つ飛ばし、登校後に発熱した場合の対応等、準備することは山ほどあった。この際、参考になったのが、文科省作成の「学校における新型コロナウイルス感染症に関する衛生管理マニュアル～『学校の新しい生活様式』～」（5月22日 Ver.1）〔改訂版：6月16日 Ver.2〕である。様々な情報が飛び交い、専門家と言われる人たちが様々に発言する中、このマニュアルが基準となった。

子どもたちにとって3ヶ月ぶりの登校。しかも、時間をずらしての登校である。交通事故や不審者との遭遇が心配であった。そこで、授業のない学年が通学路の見守りを行うとともに、各町会に学校再開のお知らせと見守りのお願いを行った。登校日数が増えてからは、PTA の皆さんが率先して行ってくれている。

（2）新しい生活様式から生まれる課題

半数の子どもしかいない教室、マスクをしているので表情も分かりにくい。子どもたちにも「しゃべってはいけない」という呪縛があるようで、授業をしていても反応がないと、担任たちは嘆いていた。４月から担任とのコンタクトはあったものの、全員揃うこともなく学級が始まっていく。特に、６年生は授業を進めていかなければならないという焦りもあった。授業を進めることを考えると、どうしても「知識・技能」に走ってしまう。密接を避けるためにはグループ学習といった対話的学びも制限される。子どもたちは、わいわいと頭を寄せ合って一緒に取り組むことで、自己実現が図られる。学習活動の制限は、子どもたちの精神面にも影響する。それは、特別活動、特に学校行事が思うように行われないことにもつながる。学びの保障は教科学習だけではない、総合的な学習の時間や特別活動など、学習指導要領の理念の実現に直結する活動や非認知能力を育む活動をないがしろにしてはならない。ソーシャルディスタンスを取ることが、メンタルディスタンスにつながらないように配慮し、平時より心のつながりを意識していきたい。子どもたちが将来にわたって不利益を被ったり、「コロナ世代」などと言われたりしないよう、カリキュラム・マネジメントや学習活動の工夫が求められている。そのためには、時間的余裕を生み出すことである。本校では、授業そのもの効率化を図って時間を創出することを考えている。子どもたちの学習活動を、思考・判断・表現に関わるものに特化できるよう、書き写す、習熟を図るといった活動は、ワークシートや家庭学習と連動させた。また、学年内で分担して教科毎の授業プレゼンテーションを作り、共有している。これは教職員にとっても時短になる。

4　ポストコロナ時代の学校へ　～７つの提言～

「With コロナ」の言葉のとおり、収束よりも共存を考えていかなければならない。それは、「学校の新しい生活様式」を継続することであるが、現状では子どもたちや教職員への負担が大きすぎる。子どもたちと教職員の生命を守り、質の高い教育を実現するためには、大きな改革が必要である。ポストストコロナ時代の学校の形は、特別新しいものではない、海外においては当たり前のこと、国内においても既に行われているものもある。

〔提言１〕20人学級の実現

現行の教室の広さを維持するなら、はじめから20人定員であれば学級を二分しなくてもソーシャルディスタンスを保つことができる。これからの教育が目指す「個別最適化された学び」を考えると、一人の教員で見られるのは20人程度でなければならない。

〔提言２〕タブレット PC の一人一台配付（GIGA スクール構想の実現）

ノートや鉛筆と同じように学用品の一つとしてタブレット PC を配付する。タブレットにはデジタル教科書や AI 仕様の習熟用ソフトや発表ツール、テレビ会議システムがインストールされている。家庭学習にも使用し、全ての学習履歴がクラウドに蓄積されていく。

〔提言３〕学区域内に高速大容量データ通信網を構築

学校でも家庭でも通信への接続を意識することなく使用できるようにインフラを整備する。災害時には広く開放する。

〔提言４〕防災拠点として堅牢かつ機能性の高い校舎

地域の防災拠点としての機能が果たせるよう、堅牢な校舎であることはもちろん、学校のスタッフルームや地域学校協働本部の控室、第二保健室等、機能性と汎用性の高い校舎を建設する。

〔提言５〕教職員が働きやすいシステム

教員の働き方改革の実現を図るため、専科教員の配置や ICT 支援員等の常駐。研修や人事考課と連動した教員免許更新制度や研修制度の見直し、テレワーク環境の構築。

〔提言６〕国立遠隔教育センターの創設

学校の ICT 活用や家庭学習を支援するために、テレビ放送やインターネットを活用して子どもたちの学びを保障するシステム及びその中核となる国立遠隔教育センターを創設する。このシステムにより、不登校の子どもや療養中の子ども、ホームスクールの子どもたちにも対応が可能となる。

〔提言７〕子どもたちの多様性に応じる学校

特別な支援が必要な子どもたち、日本語指導が必要な子どもたち、LGBTや特定の学習に関する個別指導が必要な子どもたちなど、子どもたちの多様性が進んでいる。その指導のためのスタッフを配置し、指導のための部屋を用意する。

新型コロナウイルスは、学校や学校の置かれている状況を見つめ直す機会となった。これを契機に、未来を担う子どもたちの教育の在り方、学校の役割について、社会全体で考えていくムーブメントになることを期待している。

Ⅱ　コロナ休校 市教委は開校をどう目指したか

1　休校に至る経緯

中国の武漢で新型コロナウイルスが蔓延したというニュースが流れたのは今年の１月であった。当時、学校からの相談が多かったのは、中国から帰国した児童生徒の就学に関する対応であり、感染症対策に関するものではなかった。その後、国内でも徐々に感染例が報告され、本市でも新型コロナウイルス対策本部を立ち上げるなど危機感を持って臨んでいたが、まだ身近な問題とはなっていなかった。

しかし、市内の同一スポーツクラブの利用者３名が感染したとの情報が入ってからは空気が一変した。至急、各学校に調査を実施したところ、複数の教職員が感染者と同時間帯に利用していたことが分かった。同時間帯の利用者は数百人とも言われており、保護者の中にも多くの利用者がいることは容易に想像できた。

危機管理の要諦は最悪を想定することである。感染者が同施設を利用していた日から感染が判明するまで１週間以上経過していたが、この間、教職員や保護者には症状が出ていない。しかし、この場合における最悪の状況は、無症状の教職員や保護者から子どもに感染し、子どもが学校でインフルエンザのように、あっという間に感染を拡げてしまうことである。未知のウイルスが学校内で感染拡大を起こすことは何としてでも回避しなければならない。既に市中感染が起きている可能性も否定できない。感染状況がはっきりするまで市内の学校を一旦休校とする必要があるのではないか。

このような判断から、市長を筆頭とする幹部による臨時会議を招集してもらった。当時は市内一斉休校など前例がなかったことから判断には悩んだ。市内全ての学校を休校にするエビデンスがあるわけではなかったが、休校しなくても心配はないとの根拠もなかった。

最終的には校長会の意見も聞いたうえで判断することになり、臨時に招集していた校長会で協議した。校長会では、子どもや教職員の安全安心を第一に考えるべきとの意見で一致した。政府の専門家会議が「これから1～2週間が急速な拡大に進むか、収束できるかの瀬戸際となる」との見解を示したことも、休校判断の後押しとなった。

休校期間は、政府の専門家会議の見解や新型コロナウイルスの潜伏期間とされていた期間などを考慮して2週間とした。国が全国の小・中・高等学校等に対して春休みまでの一斉休校を要請したのはその翌日であった。

2 休校延長の経過

本市では、2週間の様子を見て、心配のない状況であれば学校を再開するつもりでいた。しかし市内で複数の感染者が発生したことにより、国の要請に合わせる形で年度末まで休校を延長することになってしまった。

感染防止策を講じた小・中学校等の卒業式も終了し、修了式をもって令和元年度の学校行事は一応の結着をみたが、休む暇もなく新年度に向けての準備を早急に進める必要があった。新年度は人事異動もあり、新たな校長が着任する学校もある。クラスや担任が替わる中、変則的な登校や休校となると、綿密な計画を立てなければならない。

政府の専門家会議がまとめた提言の中では、密閉・密集・密接という3つの条件が同時に重なった場での行動を十分抑制することが重要であるとされた。さらに、感染状況が収束に向かい始めている地域ならびに一定程度に収まってきている地域では、「3つの条件が同時に重なる場」を徹底的に回避する対策をしたうえで、感染拡大のリスクの低い活動から、徐々に解除することを検討することも提言された。さらには、文部科学大臣が春休みまでの一斉休校の要請は延長しない旨を表明した。

こうした現状を受け、教育委員会では、新年度から学校は再開できるものとして準備していた。再開しても最初から完全な形では難しいだろうと考え、段階的な学校再開の方法（学校再開のガイドライン）を策定した。

しかし全国の感染者は一向に減少せず、本当に学校は再開していいのかといった空気が流れていた。そこで、教育委員会では休校が延長されることも視野に入れ、家庭学習や定期的な登校日の方法などをまとめた休校のガイドラインも用意しておいた。

３月中旬に学校再開を表明した自治体が多い中、本市の最終判断は４月に設定した。全国でも早い時期にクラスターが起きてしまった本市は慎重にならざるを得ない事情があった。最終判断日が迫り、学校再開の公表準備が整った矢先に、近々政府の専門家会議が開催される見込みであるとの情報が入った。一旦、最終判断を見送り、専門家会議の見解を踏まえることにした。その結果、学校再開はまだ難しい状況であることから、５月６日までの休校延長を決定することになった。

さらに、政府が緊急事態宣言を準備しているとの情報を受け、始業式、入学式も延期した。偶然ではあるが、年度当初の慌ただしい時期と政府の専門家会議の開催、緊急事態宣言のタイミングが一致してしまったことが学校現場の混乱を招いた。

４月中は、GW 明けには学校が再開されることに一縷の望みを持ちながら、準備を進めていたが、GW 後も緊急事態宣言が延長されてしまった。多くの県は５月中旬に緊急事態宣言が解除されたが、本県は特定警戒都道府県にあたっていたため、５月末まで休校としなければならなかった。

3　休校中の手立て

【３月】

最初の休校は２週間しか想定していなかったことや、休校に入るまでの準備期間が短かったことから、休校中の学習として教育委員会が学校に示すことができたのは、教科書の活用方法が中心であった。しかし、本市が既に導入していた学習支援システムには、自宅からパソコンを使って自分の理解度に応じた学習ができるデジタルコンテンツが搭載されていたので、家庭学習では有効に活用できた。また、本市と協定を締結している SNS 企業による学習コンテンツも Web 上で利用することができた。同社とは SNS による教育相談も行ってきているので、民間との連携はこのような事態にとっても有効だと感じた。

休校中の２週間は他の子どもとの接触を避けたかったこともあり、臨時の登校日は設けなかったので、家庭学習の成果を確認することはできなかったことが課題となった。

３月中旬に年度末までの休校を延長した際には、閉所していた放課後保育クラブの一部を開所し、小学校では午前中を中心に教職員が児童の一時預かりを行うことになった。一時預かりのために登校している児童に対しては、他の児童との公平性の観点から特別な学習指導は行えなかったので、学習については引き続き家庭に委ねることになった。中学校では一時預かりがなかったことから、希望者には登校を促し、必要に応じて学習指導や運動指導を行うことができた。

この期間に頻繁に報道等で取り上げられたのは校庭開放である。子どもたちが公園で密集しているとのことから、運動不足解消のために学校の校庭を開放してほしいとの声は本市にも多く寄せられた。小学校では一時預かりの子どもたちが校庭を使っており、中学校では希望者には校庭での運動指導を行っていたので本市では校庭開放は行わなかった。４月からの休校時には校庭開放の話題は出なかったので、振り返ってみると、その時々の状況で子どもや保護者のニーズが変遷していることが分かる。

【４月】

新年度に入っても休校が継続されることとなり、これまでの課題を踏まえた対応を考える必要があった。そこで各教科の指導主事が学習のプリントを作成し、各学校に提供することとした。これは、学校がそれぞれ教材を作成するのは非効率であることや、児童生徒が自ら学習を進めていくことができるような学習プリントが必要だとの学校のニーズを受けたものであった。

学習プリントは教育委員会の HP 上にアップし、誰もが活用できるようにした。後日行った調査から分かったことだが、ネット環境が整っている家庭は多いが、プリンターを備えている家庭は決して多くなかったので、家庭でのプリントアウトを前提とした教材の提供は今後も控えなければならない。

４月の中旬に市の緊急経済対策の一環として、パソコンやインターネット環境が整っていない家庭に対して、タブレット端末とモバイルルーターを貸し出せるような予算措置を行った。緊急事態宣言により人との接触８割減が求められる中、紙ベースの教材を学校と家庭で行き来させるのは困難であった。市が提供しているデジタルコンテンツ以外にもWeb上では多くのコンテンツが提供されていることからもネットの活用は有効であった。また、教員によるオンライン授業を実施することができれば、授業のみならず教員からのメッセージを画像と音声によって届けることができると考えた。

教育委員会としては、家庭のネット環境によって学習機会に差が生じてしまわないようにするための予算措置であった。

オンライン授業といっても教育委員会も学校も初めてのことなので、配信する側も受ける側も抵抗なく取り組めるようにしなければならない。最適なアプリケーションを検討したところ、所管課が出した答えはYouTubeであった。YouTubeならば扱い方が容易で子どもの生活にも溶け込んでいることからオンライン授業の入門として適しているだろうとのことであった。

そこで、緊急事態宣言中ではあったが、YouTubeによる動画配信の方法について、管理職と情報担当者を対象とした研修会を実施した。一度に集めると密集してしまうので何回かに分けて行った。

教育委員会で動画の試作品をつくり、学校の公設パソコンで作成する方法や、当該校の関係者のみ視聴できるようURLの設定の仕方などをレクチャーした。最初はYouTube動画の配信に対して抵抗感を持った教職員もいて、管理職の中でも温度差があった。反対理由として多かったのは、顔出しをすることによるネット上での拡散やネット環境がない家庭への心配であった。

しかし実際に導入してみると、顔出しをしなくても様々な工夫により効果的な授業の実施が可能なことや、ネット環境がない家庭に対しては個別に対応することで全体の足を止める必要はないことなどが認識されるようになり、次第に積極的な動画配信が見られるようになった。

動画の種類は様々で、校長の着任挨拶や担任紹介、ノート指導や家庭でできる運動指導など、最初は授業以外の取り組みが多かった。校内ではどちらかというと若手の教職員がパソコンの扱いに慣れており、ベテランの教職員は若手に習って動画の作成にあたった。

それぞれの学校が授業動画を作成するのは非効率であり、既成の授業動画を活用すればよいとの意見も一部ではあった。しかし子どもにとっては、知っている先生による動画だから視聴するという面があり、既成の授業動画だと積極的に見ようという気持ちにはなりにくい。

結果的には、多い学校で百数十本もの授業動画を配信することができた。子どもや保護者からも好評だったようで、教員のモチベーションアップにもつながった。動画の内容はもとより、子どもたちにメッセージを届けたいという教員の気持ちが子どもや保護者に伝わり、自分たちのために作成してくれたという好意的な受け止めをしてくれたことが何より嬉しいことである。

【5月】

GW 明けも緊急事態宣言が延長されることになり、いよいよ子どもの家庭学習が心配になってきた。子どもの側に立って考えると、学校が作成した授業動画をはじめとして、様々なコンテンツがある中で、自分に合ったコンテンツの取捨選択は容易ではないことが想像できた。

そこで、休校中の日課表を作成し、日課表上に教育委員会が推奨する学習コンテンツを明記すれば、子どもは最適なコンテンツを選んだり探したりする手間もいらず、スムーズに学習に取り組めると考えた。また、休校が長期化したことで、休校中の学習内容や進度に学校差が生じてきたことから、教育委員会が標準的な学習内容を日課表に示し、学校はそれを基に自校の実態に応じて活用するようにした。標準的学習内容は、音楽や美術、体育などの技能教科もバランスよく編成した。

日課表というと規則正しい自宅学習を促すための方策と捉えられがちだが、本市では、コンテンツの整理と学習進度の標準化が主たる目的であった。推奨コンテンツは、NHK for school や県教育委員会が作成した動画等が中心だが、学校は教職員が探してきた有効なデジタルコンテンツや自校の動画を日課表上に組み入れ、学習内容にも手を加えながら、最終的には自校の日課表を完成させた。日課表を導入したことによって授業動画の視聴数がアップしたので、地味な取り組みではあるが、効果は大きかったものと捉えている。

日課表づくりと並行して、学習コンテンツの充実を図るために、市内の進学塾と協定を締結し、塾講師による授業動画を無償で提供してもらえることになった。小学３年生から中学３年生の算数・数学と外国語の授業で、動画で使用しているテキストもダウンロードできるようにしてもらった。質問もチャットで受け付けることができる。日課表と併せて学習コンテンツも充実したことにより、休校後期になるにつれて家庭学習が形になってきた。

4　学校再開に向けて

６月からの学校再開にあたっては、分散登校等の登校形態の工夫、夏季休業期間の短縮や平日の日課の在り方、運動会・体育祭の実施など、決めなければならない事項が山積していた。本市では始業式・入学式も延期となっていたので、保護者への周知時期にも配慮する必要があった。

これらの課題については、教育委員会が一方的に示すのではなく、教育委員会が決めるべきものと校長会として意思統一を図るものとを整理した。

例えば、長期休業期間は管理規則上、教育委員会が決めることと規定されているが、運動会・体育祭の実施や日課表の工夫は教育課程の問題なので、校長が判断する事項である。校長会とは綿密に連携し、校長会の中でも市内で統一するものと学校毎に決めるものとを整理していった。

教育委員会と校長会がそれぞれ決定した事項を持ち寄り、教科での配慮事項や感染症対策などを加えて、本市のガイドラインとしてまとめた。ガイドラインの作成は教育委員会と校長会の連名とし、保護者や市民にも周知できるよう市の HP にもアップした。ガイドラインの内容は国や県からの通知が出る度に随時修正を加えていった。

5　学校再開後の方向性

学校が再開され、ようやく子どもたちの様子を確認することができた。最初は学習というよりは休校中の状況確認が優先することから、子どもや保護者へのアンケート、個人面談等を丁寧に行った。

家庭での過ごし方は予想していた通り、子どもによって大きな差があった。

休校の影響を大きく受けてしまった子どもに対しては、学校と連携してしっかりとフォローしていかなければならない。

学校再開後は、休校中の学習の遅れを取り戻すために、本市では学びの保障総合プランを策定した。本年度中に授業を終えることを原則としながら状況によっては次年度に持ち越すことはやむなしとしたものの、授業時数の確保は必須であった。長期休業期間の短縮や学校行事の精選など、無理のない範囲で授業時数を捻出した。しかし時数確保だけでは、単なる詰め込みになりかねない。本市では、様々な視点での取り組みを有機的に関連させることで、学力保障を図ろうと考えている。

第一の視点は、年間指導計画の工夫である。教科書を単純に終わらせるのではなく、例えば10時間扱いの単元を８時間に圧縮して重点化を図ることや、同じねらいの単元を集中的に学習することによる授業の効率化など、学習指導要領が示す目標、内容を踏まえて年間指導計画を改編した。

第二の視点は、個に応じたきめ細かな支援体制である。本市では放課後の補習授業として、既に「校内塾・まなびくらぶ」という事業がある。これを授業と連動させ、特に休校中に思うような家庭学習ができなかった子どもへのフォローを行う。

第三の視点は、自学力の育成である。休校によってあらためて感じたことは、やはり学力向上は本人の自覚と努力によるところが大きいということである。休校によって自分で学ぶ機会が増えたことをチャンスと捉え、本年度はこれまで以上に、授業や学校の取り組みの中で自学力の向上に力を入れていく。

最後の視点は、ICT教育の推進である。ICT教育は、個に応じた学習にとっても、自学力にとっても有効な学習手段だと考える。取り組み例としては、指導主事が自作の授業動画によって教科特有の見方、考え方を伝える方策や、双方向のオンライン授業の導入などを予定している。

ここで重要なことは、アウトプット（何をしたか）に終わるのではなく、アウトカム（その結果どうなったか）に留意することである。休校期間があったけど学力は心配無用だったと言えるように努力していきたい。

コロナ後の学校において確実に変化していくのは、ICT教育と個に応じた学習の推進である。GIGAスクールが進められる中、本市においても本年度中に一人1台のタブレット端末を用意する計画である。オンライン授業や個別最適化を目指した学習カリキュラムは一気に進むであろう。教師の役割も授業の進め方も変わってくる。子どもの自学力が一層問われてくるであろう。まさにコロナによる休校は、長年の課題が大きく進展していく大きなきっかけとなるに違いない。

Ⅲ オンライン授業をどう進めたか

1 オンライン授業に挑戦した学校土壌

北海道教育大学附属釧路中学校（画像１－１）は、北海道の道東、日本最大の釧路湿原を有し、太平洋に面する人口約16万人の釧路市に位置しています。本校は、各学年３学級の全９学級であり、全校生徒は290名（令和２年５月末）、教職員は18名（校長、副校長、養護教諭含）で、釧路市内にある中学校全17校の中では、中規模の学校に位置します。

画像１－１　令和元年に開校50周年を迎えた北海道教育大学附属釧路中学校

本校は、北海道教育大学の附属学校として、特に道東地域の教員養成の教育実習校、地域の教員研修支援センターとしての役割を担っています。昨年度、開校50周年度を迎え、全国の国立大学法人附属学校としては、最も歴史が新しく、最も日本の東端に位置している附属学校です。

今回の新型コロナウイルス感染拡大に伴い北海道では、北海道知事の要請により、２月下旬より３月上旬まで道内公立学校の臨時休校措置が行われました。その後、４月に新学期がスタートし、分散時差登校などの感染防止策を講じながら、暫くは登校可能でありましたが、国による緊急事態宣言に伴い、４月下旬より５月末までの長期間にわたり全国の学校で臨時休業措置に入ったのは周知の通りです。

本校も同様に、４月20日から臨時休校に入りましたが、４月22日からは全生徒対象に段階的ではありますが、遠隔会議システム（Zoom から Google Meet への移行と併用を模索）と学習支援アプリ（ロイロノート）

を活用した双方向によるオンライン授業を実施してきました。

実現できた要因は、二つ考えられます。一つ目は、本校がこれまで長年培ってきたICT機器活用の授業研究と日常的にICT機器を活用する教育環境の構築があります。始まりは、2012年のiPad47台導入であり、毎年少しずつ環境整備を進めるとともにGIGAスクール構想の具現化を目指し、各種セミナー等を企画、発信してきました。昨年度は、ICT機器を活用した教科横断的な合科授業やiPadの活用方法に関するセミナーを開催しております。（画像1－2）

画像1－2　ICT機器のセミナーを開催

二つ目は、北海道の感染拡大第一波から第二波の期間に、次の臨時休業に備えて入学式後直ちに、全生徒対象にしたiPad・Zoom・Padlet講習・ロイロノート講習を行い、オンライン授業開始実現に向けて舵を切ったことです。

元々教職員のスキルが決して高かったわけではなく、オンライン授業に初めて挑戦した先生方が大半です。各家庭のICT機器環境も万全ではなく、学校保有のiPad140台の貸し出しを行いました。これも「生徒の学習意欲と学びを止めない」という思いを保護者と共有し、家庭での環境整備への協力を頂けたことも大きな要因であると感じています。

今回、このような本校の取組を紹介する機会をいただき、「なぜ、本校でオンライン授業を実現できたのか」、これまでの経緯を改めて振り返り、成果と課題を検証するとともに、学校再開後、対面により授業再開において授業に対し、どのような気づきを得たのかを記述することで、教育界の今後のデジタル化に貢献できればと考えています。

2 オンライン授業創生へ第0期、第Ⅰ期の取組

4月下旬よりオンライン授業を開始することができましたが、実際は、試行錯誤の連続であり、手探りで少しずつ改善を積み重ねながら構築してきたものです。これまでの取組の経緯をICT導入期（第0期）からオンライン授業開始の（第Ⅰ期）、臨時休業中の改善を加えた（第Ⅱ・Ⅲ期）、ポストコロナを見据えた（第Ⅳ期）と時系列に次の資料のように整理しています。（画像2－1）これまでの第0期の経緯がなければ、本校のノウハウも生徒たちの心の準備もなく、オンライン授業を先行実施することは困難であったと考えています。根底には、「やらないで後悔するより、やってみて壁にぶつかりながらも学びを止めないための挑戦にかけよう」と決意したことは確かです。

北海道内で新型コロナの第一波による臨時休校措置が執られた際、本校では、学校のHPを活用し「在宅学習ページ」を開設、段階的に全9教科において課題を発信しました。

この取組は、春季休業中も継続しました。Padletを活用した課題の配信や生徒からの質問、感想などのやり取りの取組が、その後のオンライン授業実施に向けた先生方のベースになったことだけは間違いないことです。

3 オンライン授業開始に向けての挑戦

本校では、4月8日に始業式、翌9日に入学式が行われ、全校生徒揃っての新学期がスタートしています。感染拡大が依然不透明のため、次の臨時休校に備え対応を協議し、双方向によるオンライン授業開始に向けた準備を急ピッチで進めました。（画像3－1）

画像２－１　ICT を活用した休業期間中の対策資料

ICTを活用した休業期間中の対策
北海道教育大学附属釧路中学校

「学びを止めない」、「やらないよりやったほうがまし」、子供たちと次なるステージに歩み続ける

◎困難な時期を乗り切り、様々な問題に対応しながら、自主的な学びを支援したい
◎すべての教科における休業中の学習保障・学習習慣を確立していきたい
◎在宅中の心の不安をケアしていきたい

学習保障・学習習慣の確立

事前準備
実態調査　教育情報環境調査4/10　iPad貸し出し4/18
入学式翌日からの全生徒対象にしたiPad・zoom・padlet講習
ロイロノート登録完了日翌日に実施したロイロノート講習

オンライン授業
当初は学習支援としてスタートした授業だったが、指導計画に基づいた授業展開、課題の提示を行えるようになり、授業としての位置づけに移行した。

即時的なやりとりが、その場で全員が繋がり学習活動をしているという共同体的意識を持たせ、自主的な学習を促進させていくのではないかと考えた。

オンライン授業　①10:00　②11:00　③14:00　④15:00　のうち3時間の設定
授業の受け方についてはHPに掲載　機器の不具合は学校に連絡（現在はほとんどない）

心のケア
実態調査5/8
学活　教育相談

オンライン授業に向けて取り組んだ「全校研修」

先生方の本音「こんなんじゃこれまでと同じ授業できないよ、どうやってやるの？」
→ツールを駆使して、工夫改善が必要となる
→このツール、普段の授業に使えたら効果的！

オンラインだからこそできる授業の確立を目指して
…これまでの学習スタイルと同じ事を求めない教師側の決断
…（次なる展開）…ポストコロナを見通すこと

職員会議　着任教員　iPad講習
講座　zoomの使い方
全校研修2　授業展開例提示
研修だより
講座　ロイロノートの使い方
全校研修　ロイロノートでの授業構築
講座　Google G suiteについて

第0期　本校のICT活用に関わるこれまでの経緯
2012年iPad導入（47台）　その後、毎年10台ずつ購入し現在に至る
管理　2012年　一台ずつ　Apple　IDを取得して管理
管理　2018年　Apple configurator2（無料）で80台を一括管理開始（現在は180台）
管理　2020年　所有台数180台　MDM（無線管理）で管理を予定
Appleの純正のAPP
音・美・体・技など特定の教科で使用

Apple configurator2（無料）とは

Apple Configurator（アップルコンフィギュレータ）は、iOSデバイスを企業や学校、その他の組織で導入する際に、iOSデバイスの設定（キッティング作業）を行い、大規模展開するためのアップル純正ツール。Mac App StoreからMac用のソフトとして、無料で入手できる。

本校では、保管庫に入れたiPadをUSBでMac book proに接続し20台ずつ、アプリの追加や設定を行っている。

configuratorは2015年より登録を試みてきましたが、必要な情報が得られず、当時は英語版しかないことから、見送っていた。しかし、本校のiPadの台数が80台を越えたことから、2018年にAppleに直接連絡を取り、導入を進めた。実際に登録を進めていく作業の中では、不透明な部分も多かったが、少しずつ解決策が見つかり、現在はスムーズに作業を進めることができている。

Apple仙台店（閉店）後、Apple銀座店との連絡体制
2018年12月　一括Appの購入のため、「Apple School Manager」の登録　ブリーフィング2回実施

Apple Japan 合同会社エデュケーション本部／ビジネスディベロップメントとの連携
2019年　1月　Apple Distinguished Schoolの視察　合同本社への視察
2月　講師招聘（セミナーとして実施）　8月　講師招聘（セミナーとして実施）

この第0期の経緯がなければ、本校のノウハウも子供たちの心の準備もなく、オンライン授業を先行実施することは不可能であった。

https://www.hokkyodai.ac.jp/images/info_topics/00008800/00008870/
/20200512060100.pdf

まず取り組んだことは、各家庭におけるネット環境等の実態調査・教育情報環境調査を実施したことです。（画像３－２）

その結果、家庭のネット環境の有無に関しては全学年において97％でWi-Fi 環境があることが判明しました。各家庭で生徒が学習に利用している情報端末機器に関しては、１学年で76％、２学年で70％、３学年で87％有しており、主な機器は、パソコン、iPad、塾より貸与されているタブ

画像3－1　オンライン授業構築①第Ⅰ期

第Ⅰ期　2月27日(木)～3月19日(木)臨時休業　学校HPの掲載開始2月28日(金)

学校のHPに「在宅学習」ページを開設(パスワード付)、全ての教科の課題を配信

当初の2週間は・・・国、数、社、理、英はPDFでの配信　音、美、体、技家はpadlet(app)を利用
現在は全ての教科padletを利用して適時情報を発信している

この取組は、春休み期間中も継続した

padlet

3月末の段階では、本校が使用できる学習ツールはなく、日常から使用していたのはpadletのみで展開していた。しかし、在宅で生徒とやりとりを更に深めるためには、早急に学習ツールの導入をしなければならないと判断した。そこで、検討していたが、登録していなかったツールへの登録を開始する。

4月 8日(水)学年別時差登校、学年別時差登校開始
4月10日(金)・13(月)全校生徒対象とした、zoom及びpadlet講習
4月17日(金)全校生徒対象とした、ロイロノート講習(アカウント、パスワード配付)
4月17日(金)学校HPにオンラインでの在宅学習についての掲載、iPadの貸し出し

画像3－2　家庭における教育情報環境
調査の結果

令和２年４月２０日
情報化推進委員会

家庭における教育情報環境調査（４月）結果について（確定版）

調査概要

（１）調査日時　：　令和２年４月１０日（金）
（２）調査事項　：　Wi-Fi環境の有無、生徒が学習に利用している機器の有無、
所有する機器の所有者、生徒の機器活用方法
（３）調査対象　：　全校生徒（生徒数で集計）
１年生　91／91人　２年生　97／97人　３年生　102／102人

調査結果

問１　ご家庭にWi-Fi環境はありますか。該当する数字に○をつけてください。

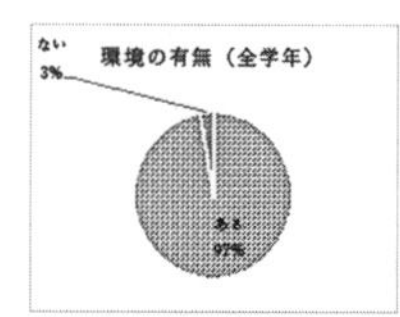

○ある　：282人
●ない　：8人

レット、スマートフォン、通信教育の端末等でした。並行して全生徒を対象にiPad、Zoom、Padlet講習を実施しました。感染拡大防止の観点から、最大2学級を体育館に入れて、実際にiPadを操作させてのZoomへの接続やロイロノートの活用方法の習得をねらいとした実習を3日間かけて行っています。（画像3－3）同時に生徒一人一人にロイロノート活用のためのアカウントとパスワード配付して、今後の臨休措置に備えました。生徒の習得能力は高く、特に2、3年生は、日頃から各教科や日常的な学

校生活での活用スキルもあるため、大変スムーズに終了しました。入学間もない1年生も個人差は見られましたが、おかれている状況を察してか、一人一人の意識も必要感も高く、困り感を持つ生徒は見られませんでした。

画像3－3　生徒向けの iPad 講習の模様

4　オンライン授業を全教科で実現へ

4月17日北海道内の感染者数増加に伴い、北海道内の4月20日からの臨時休校が決定されました。本校では、臨時休校中のオンライン授業開始に向けて即日に対応を開始、情報端末の貸し出しのため、希望者の集約を文書と HP にて行いました。

土日を含め、時間を指定して保護者に来校を願い、貸し出し作業を4日間にて完了しています。最終的には、学校所有の iPad140台を貸し出してオンライン授業開始に備えました。

オンライン授業の初日は、4月22日、接続確認のための学級活動からです。(画像4－1）決してスムーズに接続ができたわけではなく接続不具合の生徒や保護者から電話連絡を受け、一軒一軒確認と対応しながら100％の接続環境を目指しました。特に、初日の接続確認作業では、時間帯により遅延等の影響が多かったです。午前中までは、アクセス状況は問題なかったのに、昼以降は全国的な使用アクセスの集中もあってかロイロノートへの遅延や接続不能などのトラブルが多発しています。接続確認ができなかった学年及び学級は、翌日以降に改めて実施しています。

当初のオンライン授業は、午前10時から開始、一日4時間枠を設定し生徒一人は一日3時間の授業を受けています。(画像4－2）これは、オンライン授業の開始に伴い、生徒の身体的な負担への見極めや接続へのサポー

画像４－１　第Ⅱ期オンライン授業当初の時間割

第Ⅱ期

4月20日(月)~5月6日(水)臨時休業
4月22日(水)zoomの学活(接続実験)
4月24日(金)zoomとロイロノートでの授業開始(2時間)
4月27日(月)zoomとロイロノートでの授業開始(毎日3時間)

全ての教科での授業開始、初期の段階では家庭での通信環境が整わなかったため、紙面での同等の課題も準備して対応。その後、おおよそ全ての家庭で双方向学習支援システム(ロイロノート)のやりとりが可能となった。しかし、全国的に使用することによる遅延も生じたため、zoomでの接続をしつつ利用してきた。現在は解消されている(5/8時点)。

4月22日（水）・24日（金）時間割

※ロイロノートの各クラスの学活のタブからノートをタップして準備していてください。

日	曜	学年	クラス	授業			
				10:00~10:30	10:30~11:00	11:00~11:30	使用アプリ
22	水	1	A			学活(接続確認)	各家庭での『ロイロノート』と『zoom』の接続状況を確認します。
			B			学活(接続確認)	
			C			学活(接続確認)	
		2	A		学活(接続確認)		
			B		学活(接続確認)		
			C		学活(接続確認)		
		3	A	学活(接続確認)			
			B	学活(接続確認)			
			C	学活(接続確認)			

※23日は22日の各家庭の接続状況を踏まえ、WEB授業の再確認のため授業配信はありません。
Padletを利用して学習を進めて下さい。

日	曜	学年	クラス	授業			
				11:00~	昼食	13:00~	使用アプリ
24	金	1	A	数学		英語	
			B	社会		体育	
			C	体育		英語	
		2	A	理科		英語	
			B	技家		数学	
			C	社会		体育	
		3	A	国語		理科	
			B	数学		音楽	
			C	英語		美術	教科によってはzoomも

ト、教師側の授業準備に向けた時間の確保をねらいにしています。

実際、これまでの対面授業とオンライン授業との比較では、同じ空間と画面を通しての違いはあれ、授業の本質は変わりません。そのため、オンラインであっても教師からの一方的な説明のみであれば授業効果は低下します。本校で目指した授業は、オンラインであれ、生徒の主体的で対話的な深い学びの実現に他なりません。そのため、課題の精選や生徒への指示、説明には工夫が不可欠です。別途、録画映像の提示や写真、図表の確認の指示、ロイロノートから課題の発出や生徒からのファイルへの提出指示など事前の綿密な学習計画が教師側に求められます。オンライン授業の効果的なスタイルが構築されるまでは、芸体教科よりは５教科の比重を多くしました。こと音楽に関しては、教科目標がオンライン授業では実現が見い

画像４－２　オンライン授業前期１日３時間の時間割

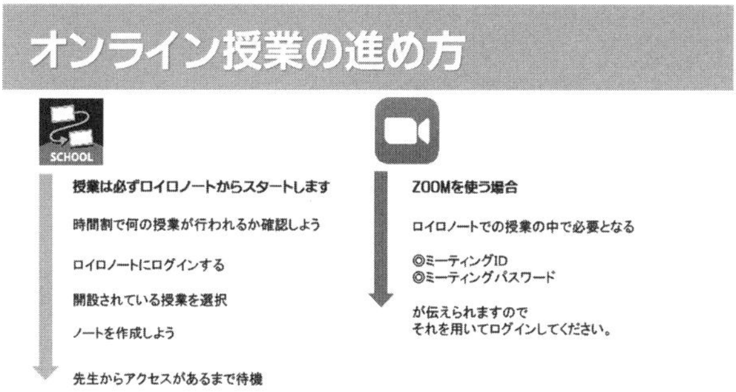

オンライン授業の進め方

SCHOOL

授業は必ずロイロノートからスタートします

時間割で何の授業が行われるか確認しよう

ロイロノートにログインする

開設されている授業を選択

ノートを作成しよう

先生からアクセスがあるまで待機

ZOOMを使う場合

ロイロノートでの授業の中で必要となる

◎ミーティングID
◎ミーティングパスワード

が伝えられますので
それを用いてログインしてください。

	4月27日（月）				4月28日（火）				4月29日（水）				4月30日（木）				5月1日（金）			
	10:00～	11:00～	14:00～	15:00～	10:00～	11:00～	14:00～	15:00～	10:00～	11:00～	14:00～	15:00～	10:00～	11:00～	14:00～	15:00～	10:00～	11:00～	14:00～	15:00～
1－A	技家	音楽	社会		英語	美術	理科		昭和の日				体育	国語	数学		職員会議		国語	
1－B	数学	国語	英語		数学		英語	音楽					美術	国語		理科			技家	
1－C	国語	数学		社会		数学	音楽	英語					国語	美術	技家					理科
2－A	美術	技家	英語		数学	国語	体育						数学		理科	社会			社会	
2－B	数学	理科		英語	美術	英語		社会					国語	体育	社会				理科	
2－C	理科	数学		英語	国語		社会	理科						数学	英語	技家			美術	
3－A	社会	数学		体育	理科	英語	社会						音楽	英語		数学				美術
3－B	理科	美術	体育		国語	数学		社会					英語	理科	社会				英語	
3－C	数学	社会	英語		数学	理科		体育					理科	音楽		社会				国語

※午前は10:00開始、午後は14:00開始です。
※１日４時間の中に３時間授業を設定しています。空いている時間は授業の準備、復習の時間にしましょう。
※授業はzoomからスターします。ミーティングIDとパスワードは授業開始１５分前に各教科のpadletにアップします。

だせず、初期段階では時間割に位置付けませんでした。

5　オンライン授業改善の取組と実践成果の発信

大型連休後、緊急事態宣言の５月末までの延長に伴い遠隔会議システムをZoomからMeetへ移行しました。理由としては、セキュリティ対策やアカウントライセンス問題から、認可のおりたMeetへの移行を進めたものです。Google G suite for Education生徒用のアカウント、パスワードを配付し、５月８日ZoomからMeetへ移行する学級活動を行いました。（画像５－１）

画像5－1　第Ⅲ期の改善とオンライン授業時程

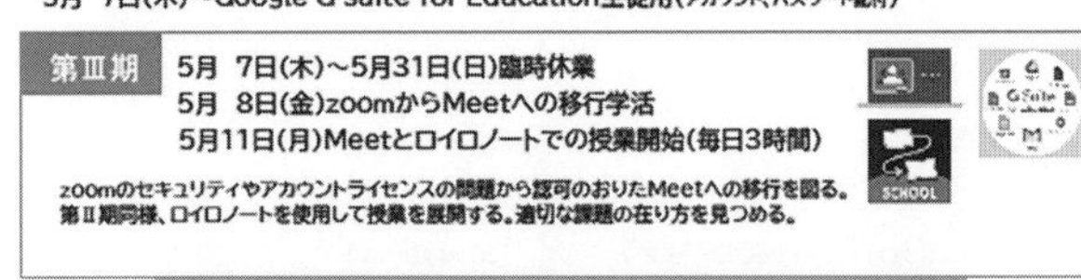

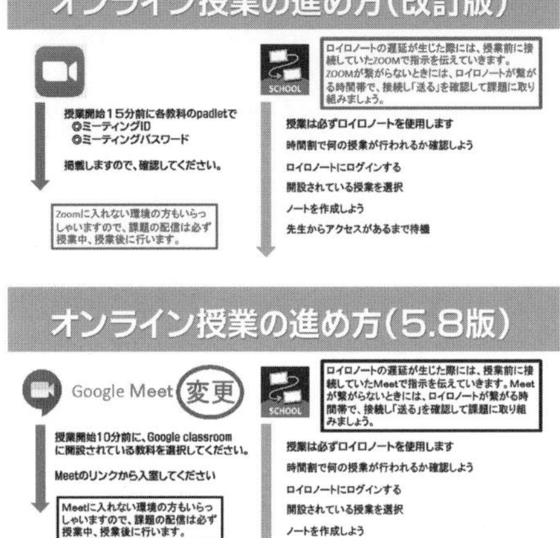

移行初日は、Meet に入れないといった問い合わせが多く学校に寄せられました。トラブルの要因は、学校から指定されたアカウントではなく、各家庭個人が所持しているアカウントを使用したなど認識不十分からくる初歩的なものです。実際、Zoom と Meet 双方の遠隔会議システムを活用して、それぞれの利点や課題を認識することができました。Zoom の最大の利点は、ブレイクアウトルーム機能の活用です。オンライン授業においてグループ協議を行わせる場合、容易にグループ分けが可能となり大変便利な機能です。一方、Meet の場合、セキュリティ対策も Google Classroom において手軽に安全にコミュニケーションが行えたことです。さらに、Google Classroom にリンクを張ることで Meet の切り替えが手軽にできることが、現場としては利点と感じています。

本校は、先述したように国立大学法人の教育大学附属学校として、教員

5月19日（火）からのオンライン授業時程
朝の会の時間の新設と授業開始時間の変更がありますので、ご確認ください。

時程	内容
8:50〜9:00	朝の会 google classroomの各クラスの学活 meetリンクから入室してください。 出席確認をします。
9:30〜10:20	授業①
10:20〜10:40	休憩・準備
10:40〜11:30	授業②
11:30〜13:40	昼食・休憩・自学自習
13:50〜14:40	授業③
14:40〜15:00	休憩・準備
15:00〜15:50	授業④

養成の実習校として、地域の公立学校への教育研究成果を発信する教員研修支援センターとしての役割を担っています。今回のオンライン授業の実践も本校の生徒の学習支援のためだけでなく、地域の公立学校に対して、オンライン授業を立ち上げるための手法及び教育効果と留意点等について、先行研究を示し、支援を行う目的もあります。オンライン授業の進め方(5.8版）の構築と同時に、遠隔授業研修を企画し、近隣校をはじめ道内外の教育行政、公立学校に発信しています。(画像５－２）

５月末までに市内外20校、のべ100名を超える視察・研修の受け入れを行いました。また、根室管内の公立学校において、授業者が出向き本校生徒へのオンライン授業を現地で公開するといった研修会を開催しました。さらに、隣接町の公立学校では、校内研修に本校教員を講師として派遣して支援を行い、オンライン授業実現に貢献しています。

画像５－２　遠隔授業研修の案内と２校での講習会の模様

6　オンライン授業を通しての気づき

実際、オンライン授業は、４月24日から学校再開までの22日間にわたり、芸体教科を含む全９教科と学活を、後半には１日最大４時間行ってきました。(画像６－１）コロナ禍での必要感に迫ったオンライン授業の実現でありましたが、授業と学校の本質を見つめ直す絶好の機会であったと思います。同空間における対面授業であれば、言葉以外のニュアンスで伝わることも考えられます。しかし、オンラインでは、教師側の明確な課題提示や指示が欠かせません。反対に、従来の授業では、生徒一人一人の見取りや習得度合いを正確に把握することは困難でしたが、オンラインであれば、生徒の表情だけでなく習得状況が明確に把握できます。今回、オンライン授業実践の積み重ねにより、本校では、次の５点の気づきを得ることができました。

画像６－１　オンライン音楽授業

①個別最適化された学びが主流となる。②評価等、生徒一人一人の理解度等がより正確に把握できる。③課題を持つ生徒に対して適切な学習支援が可能となる。④教師の授業力が求められ、授業が選択される時代になる。⑤テスト方式に変わるオーセンティック（真正）な評価が進むことです。

また、生徒からのオンライン授業のアンケート結果から伺えることは、３時間のオンライン授業に関しては、『ちょうどよい』と回答している生徒が多数

画像６－２　オンライン授業に関するアンケート調査結果

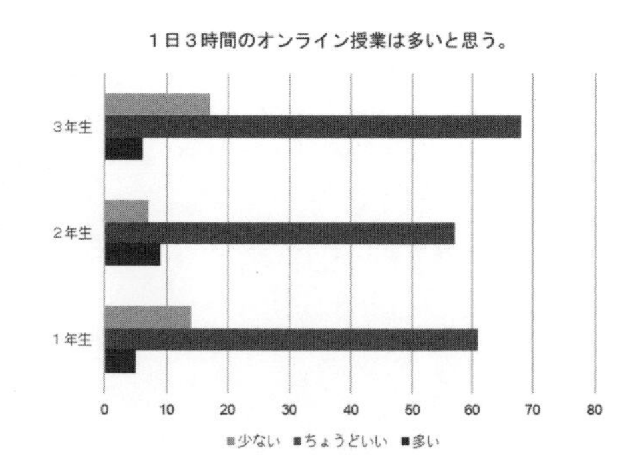

を占めている。特に3年生は、『少ない』と回答している生徒が20名（102名中）近くいる。オンライン授業でも学習内容は理解できていると自己評価している生徒が多いことです。さらに、授業のよさに、『わからないところは動画を見返すことができる』、『周りの目を気にせずじっくり取り組むことができる』、『解答が共有されるから違いに気づける』などの意見が見られたこと。聞き取りにより、黒板に板書する映像より、ロイロノート等を活用した授業展開が、生徒の負担が少なく、学習効果が見られることです。

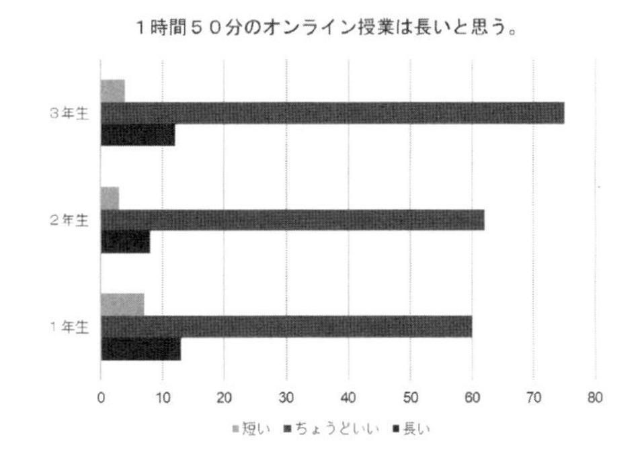

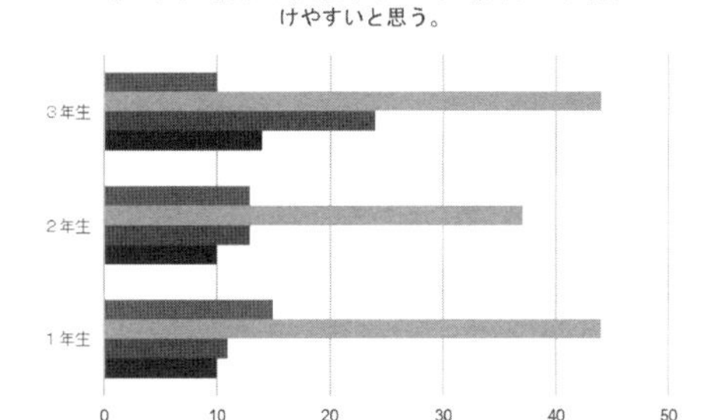

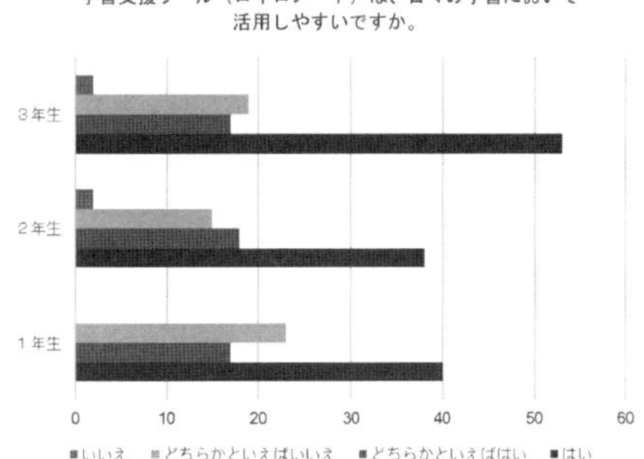

一方では、オンラインよりも対面授業のほうが、受けやすいと思っている生徒が多いこと。音声の途切れや画面が止まる、遅延などが生徒のストレスになり、オンライン授業の課題となっていること。学習支援ツールについては、生徒も日常の学習において、その有効性を感じていることが明らかになりました。（画像6－2）

7　ポストコロナに向けて新たな授業を創造

オンライン授業は、新たな扉を拓いたと実感しています。同時に、学びの質を高めながら、ICT 機器利用のポイントを明確に示すとともに、生徒への身体的な配慮も欠かせません。(画像 7－1）学習評価についても、学習ツールは有効活用できると認識しています。特に生徒の思考・判断・表現を集約できることです。学校再開後、今回の実践が対面授業の改善に生かせるかどうか調査したところ、学習支援アプリ（ロイロノート）の有効性を 3 点確認できました。①他者の考えを把握して自己の学習に活用でき、習熟度などポートフォリオの提出・共有が可能であること。②文章や絵、音声での課題提出など、生徒の表現の幅が広がり、比較、共有をすることで学びの質が高まること。③授業の感想などを自由に記述でき、教師のコメントを書き加えて返却することで、生徒とコミュニケーションが深まることです。何より、教師側に授業改善への意欲と個別最適化への意識が必

画像 7－1　ICT 機器利用の 8 つのポイント表

然的に高まりました。今回、本校においても不登校傾向の生徒が、オンライン授業には、ほぼ参加できています。また、調査により生徒の協同体的意識が、これまでの対面授業よりも高まりが見られました。

現在、対面授業とオンライン授業の双方のよさを取り入れたハイブリッド型授業の探究を進めています。（画像７－２）社会において急速にデジタル化が進む今日、学校のICT活用への挑戦は必要不可欠です。ポストコロナを見据え、未来の授業のあり方を模索していきます。

画像７－２　ポストコロナへのハイブリッド型の授業実践

ロイロノートとGoogle classroomは利用を継続していく方向性

第Ⅳ期　ポスト・コロナ～臨時休業後を考える

これまでの本校の授業の本質は、コロナ以前から何も変わらないものとおさえる。

しかし、臨時休業期間中に実施したオンライン授業で生徒が感じたことや教師がオンライン授業の構築を進めていく上で考えたことを振り返る必要がある。

新しくなる学習評価に関わっても、この臨時休業期間中に利用した学習ツールは有効活用できると、現段階で数多くの先生方が認識している。また、授業の中で、一度に生徒の意見を集約できる利点もある。
個別最適化を見越してEdtechを見据えた令和3年度からの義務教育学校を目指す上で、本校が研究主題として掲げる「道東に根ざし9年一貫したリーダーシップ・フォロアーシップの育成」に向け、評価・改善をして今後の授業の在り方を模索していきたい。

第2章

学校生活や学習活動をどう充実するか

有村久春 東京聖栄大学教授

1 〈いま〉をどう受け止めるか

（1）生徒一人一人にあるファクターX[(1)]

分散登校が始まって、2週間後（6月中旬）のころである。A先生（中学3年担任）は、登校してくる生徒たちを教室で待ちながら、ビートルズナンバー「Let it be.」をパソコンのYouTubeから流している。

♬～When I find myself in times of trouble･･Speaking words of wisdom, let it be･･♪～Let it be, let it be～Let it be, let it be･･～♩～♫～

マスクをしている生徒たちのその顔からは、口ずさむ歌声は聞こえない。両手でリズムをとりながら、体をスイングさせている姿がそこにちらほらある。数名の生徒の目には明らかな輝きと微笑みが感じられる。ソーシャルディスタンスを意識しながら、生徒たちとマスク越しに話し始める。

> 「先生、これ、ビートルのLet it beでしょう？」（生徒1）
> 「･･（無言でうなずく。口ずさみながら～♫～）･･」（A先生）
> 「1年の時から何度か、英語の時間に、これ、歌ったよ･･」（生徒2）
> 「なんで、いま、この歌なんだ･･？」（生徒3）
> 「～♩～ let it be･･ありのままってこと？･･」（生徒4）
> 「そうだよねー、我慢かな？･･いつまでなのかな？･･」（生徒5）

こんな朝の時間の数分を過ごすうちに、今日の予定生徒数17名（偶数番号の生徒）が確認できる。教室がいい空気感に包まれつつある。

> 「みなさん、おはよう。体調はどう？いいかな？　みんなのいまの顔を見て、先生もうれしいです。ビートルのLet it be･･なんとなく、みんなと一緒に聞きたかったのです。きのう、職員室で隣のB先生（英語担当）が音楽を聞いていて、『いま、～♫～let it be･･だよね』と歌うの･･。わたしも、そう思って･･『そのまま。ありのままってことですよね』と話したのです。･･それで、みんなにも聞かせたくなって、B先生からダウンロードさせてもらいました･･。どんな感じですか･･」（A先生）

この後、生徒たちは午前中４時間の授業をこなして、12時半ごろには教室をあとにする。３時間目、Ａ先生の数学の授業では円周角と中心角の関係を作図しながら問題を解く。集中して学んでいる姿を実感できる。

Ａ先生のこの朝会の展開はどうであろう？　数分のこころ温まる体験が生徒たちにもＡ先生にも、その後の授業での学びの支えになっている。

この数カ月の〈コロナ事態〉にあって、何らかのファクターが生徒のこころと態度に作用していると思う。その正体が生徒の在り方や学習への向き合い方をも変えるのか？　それは人見知りで、姿を現して来ない。

生徒たちは〈ままならないいま〉を素直に受け容れ、居心地よくこの教室で過ごしている。その仕掛人がファクターＸであろうか。それゆえに、生徒たちは♬ Let it be に共感し、朝会の空気を味わっていると思う。

（２）子供・保護者の〈いま〉に学ぶ

Ｋ小学校のケースである。先日（６月下旬）、月例の生徒指導委員会の席で気になる子供の情報交換を実施した（HP の受信内容の検討）。

【注：４月から学校の HP に「子供・保護者専用ページ」を開設。校長及び各学年の教育情報の発信と子供・保護者からの質問や意見、相談事などを受信】

以下は、情報交換の席で話題になった HP の受信内容の一部である。

【注：校長からの情報提供・インタビューの内容を筆者が編集して掲載】

・５月中旬から分散登校が始まって、ホッとしています。６月からの給食の開始もありがたいです。いま毎日、子供が喜んで学校に行っています。
・宿題がなかなかこなせません。親子で苦労しています。２年生の子には勉強の計画づくりがまだ無理なようです。すぐに飽きてしまいます。
・担任のＭ先生が、授業の風景と給食の配膳の写真をアップしてくれているので教室での様子がわかります。先生の努力とアイデアに感謝です。
・移動教室（６年：５月実施）がなくなったのが残念。子供は「まあしかたないね。中学でもあるし‥」と半分笑い顔で話しています。運動会や作品展などの２学期の行事もほとんどが削減されると聞くので、何か思い出作りをさせたいです。
・家にいる時間が長いのか、下の子（３年）は親への甘えが強くなりました。５年の子はちょっとしたことで反抗的になります。毎日登校することのありがたさを親子で体感しています。格闘の日々です。今後が心配です。
・４～５月、子供はテレビとスマホ、ゲームの毎日でした。これがいまも習慣になっています。心配です。４月にクラス替えがあったためか、一緒に遊ぶ友だちが少ないようです。いまも前のクラスでのいじめが気がかりです。

これらの受信情報から、今後にも起こり得るであろう「コロナ第２波」にどのように対応するのか？　Ｋ小の生徒指導委員会ではカウンセリング感覚のある応対（図１）[(2)]の徹底を教員相互で再確認し合う。いまの不安さに向き合い、丁寧に話を聴くことである。この事態だからこそ、「先生」としてのあり様と子供とのかかわりの基本を自己チェックしたい。

そのポイントは、①～③の「受容体験」「感情の明確化」「行動化」の理解である。クライエントの話や訴えをよく聴き、そこにある感情を受け容れ、そこでの行為や在り方に共感しつつ、それを改善し克服しようとする姿勢に真摯なこころを寄せること。とりわけ、「なるほど、こういうことですね」「お子さんも嬉しかったと思います」「○さんのその一言は辛かったのですね」「私もうれしいです。ありがとうございます」など、子供や保護者のいまそこでのエモーショナル（情動的）な反応を尊重する。

子供たちや保護者が不安や悩みをかかえ、精神的にも疲れている状況にあるとき、「しっかりやりなさい」「このように勉強するといいです」「お子さんにはこう話してください」など、あるべき姿や方法論を教示することではないだろう。かえって疲労感を増幅させることになりかねない。

日々の早急すぎる状況変化に戸惑い・悩める子供や保護者は、先生の〈よかれ〉とする指導や助言を受け容れるキャパを失いがちである。ポストコロナ事態を見据えるとき、そのトラウマにうまく付き合いつつも可能

図1　カウンセリング感覚のある応対

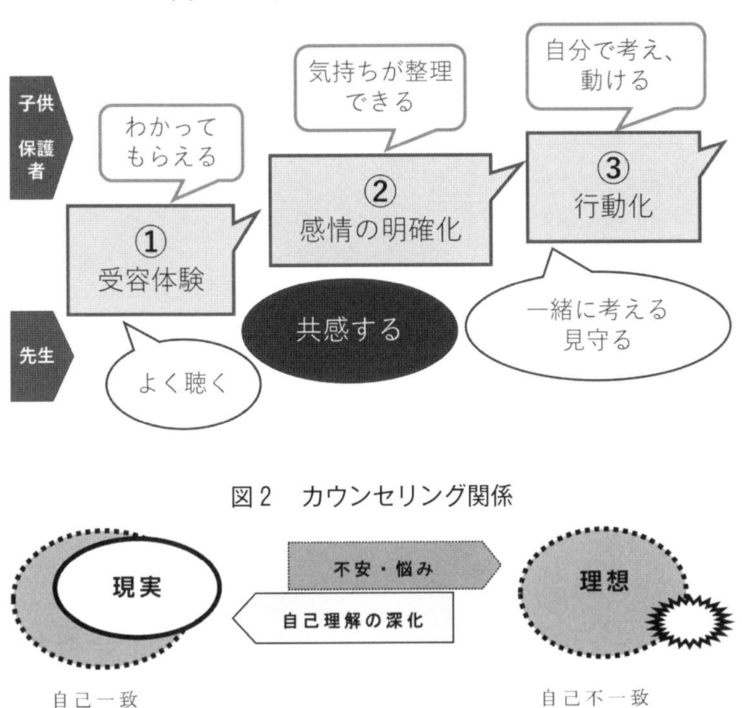

図2　カウンセリング関係

な限りゆったりと落ち着いた面談の機会を設けるようにしたい。

その話の事実にある不安なこころを聴き、実効性のある方向を子供個々と保護者そして教職員が一緒に模索する。カウンセリングの考えに学ぶ関係づくりである（図2）。いまある不安定な自己（不一致）に向き合い、安心感のある自己理解（一致）を実感できるようにかかわることである。

2　いままでと異なる学校生活―学級経営を問い直す

（1）S先生の願い

それは5年生としての学校生活を仕上げようとする2月末に起きた。卒業生を盛大に送り出そうと、お祝いの会を企画中のことである。
市教委からの突然の休校要請。卒業式への参加もできない。入学式もない。簡単なままの5年修了式と6年始業式だけ‥。子供たちは〈名目上の6年生〉として、新学期をスタートする。そのときは単に驚きだけが先行したようだ。思うことができないもどかしさを実感しつつも、それがしかたなさや諦め感に変わりつつある。みんながおとなしくなる。少しずつ通常の学校生活を時間的に取り戻しつつある。しかし、いま（6月下旬）の過ごし方は、やはり通常ではない。
校長先生や私が話すソーシャルディスタンスや3密のこと、手洗いなどの衛生的な面もよく理解してくれる6年生だ。「なんで2メートルなの？」「みんなで話し合って決めたいよ！」「大きな声で歌わない音楽なんておかしい‥」などの声も聞こえない。自分の欲求を通してはいけないと、押し殺しているのだろうか。我慢しているのだろう。いつもよりも、妙に優しい子になったように思う。
うーん、この子たち6年生になったの？と疑うほどである。昨年よくあった「それおかしいよ！」「先生、こうしようよ！」「僕たち、納得できないね」などの反抗的な言動もほぼ皆無だ。なんと物分かりの〈よい子〉なのだろうか？　まさにマスク姿の顔は無言のままに淡々とした動きをする。今年は最高学年として、それ以上の反抗的批判力とぶつかり合いを私としては期待しているのだが‥。
何とか気分を盛り上げて、まずは前に進みたいところだ‥。（S先生談）

6年担任のS先生とのインタビュー情報である。「コロナショックは子供たちに喪失感と不安感をもたらしている」との思いを語っている。
S先生がこの数カ月体験している一つ一つは、ケースに違いこそあれ、日本中の多くの先生たちが同じように物語りたいことであろう。子供たちは学校生活に自ら（自分たち）のリズムをもっている。その心地よい響きが子供個々の健やかな心身を日々はぐくむ。その突然の崩れは不協和音として、子供のこころに深く侵入することがある。ここに、「先生」はどのように向き合うのだろか？　コロナの主からの必然的な出題である。

(2) 子供の学びを支える学級経営

S先生の語りにある子供たちの学校生活は、これまでの「先生」がよしとしている教育活動とりわけ学級経営のカタチを大きく揺さぶるものである。やや硬い発想だが学習指導要領に示される一文が思い浮かぶ。

> 小学校学習指導要領 第1章総則　　　＊一部抜粋（中学校も同様）
>
> 第4　児童の発達の支援
>
> 1　児童の発達を支える指導の充実
>
> (1) 学習や生活の基盤として、教師と児童との信頼関係及び児童相互のよりよい人間関係を育てるため、日頃から学級経営の充実を図ること。(略)
>
> (2) 児童が、自己の存在感を実感しながら、よりよい人間関係を形成し、有意義で充実した学校生活を送る中で、現在及び将来における自己実現を図っていくことができるよう、児童理解を深め、‥(略)
>
> (3) ‥(略) 特別活動を要としつつ各教科等の特質に応じて、キャリア教育の充実を図ること。
>
> (4) ‥(略) 個別学習やグループ別学習、繰り返し学習、学習内容の習熟の程度に応じた学習、児童の興味・関心等に応じた課題学習、補充的な学習や発展的な学習などの学習活動を取り入れることや、‥(略)
>
> ＊下線：有村

いうまでもなく、これらの具現化が学級担任の「先生力」の発揮そのものであるといえよう。その一つ一つは、これから常態化していくであろうwith coronaの生活様式のベクトルとは真逆のベクトルではないか。いままでの学びは、子供たちとの距離をできるだけ近くに取り、熱い議論を交わし、相互の理解と信頼を深めることを目的とする営みである。

S先生の話からも、6年生としての子供たちとの学びと触れ合いを味わえていない〈もどかしさや口惜しさ〉があると聞き入るところである。

我が国の先生は、単に〈物事を教える〉だけでなく、子供個々の成長発

図3　4つの学級経営

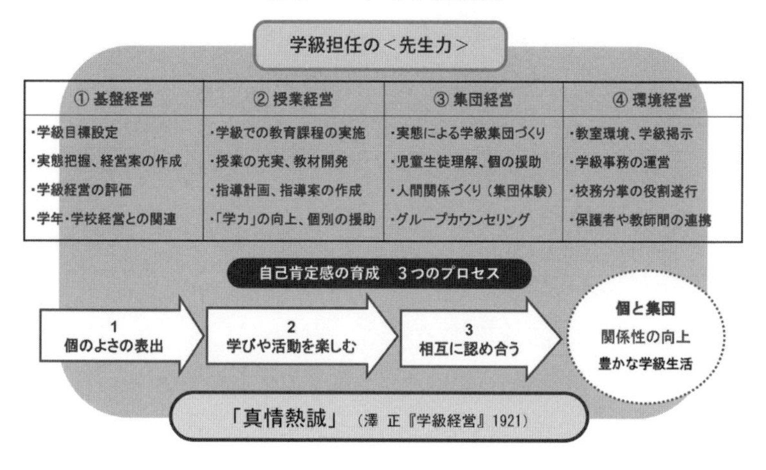

達の全体像を見取り、そこに必要な指導援助の在り方を多様に工夫する。学習指導と生徒指導を止揚しつつ、それを融合する教育を展開している。図３[3]の①〜④をバランスよく構成し、それを一年間実践する。

そこには、子供のよさ（善・良）を引き出す１〜３の見取りの実際がきめ細かに機能する。少しずつ〈学級心〉がはぐくまれる。子供たちと先生が織り成す学級での臨床体験である。この営みの根底には我が国独特の伝統的なマインド（例；同調圧力や師弟関係）が流れている。まさに明治期の教育者の澤正が『学級経営』の中で強調している「真情熱誠」[4]たる精神であろう。この〈熱さ〉が学級担任の教育観を成していると思う。

いま、コロナの事態はこれからの学級経営の姿をも変貌させようとしているのか？　いわんや新たな教室の情景が現れるのであろうか。そのエネルギーを引き出すには、どのような仕掛けがあるだろうか。コロナ後の子供の実体そのものが、必然的に担任教師に教えてくれるように思う。

3　先の見えなさを見通す―朝令暮改を恐れない

小中一貫の教育に取り組むＷ校長とのインタビューに学ぶ。

私：W校長先生、いまの事態でお考えのことや課題を教えてください。

W：いまの時点では、ともかく学力の保障をどう具体化していくかです。この課題を2人の副校長と5人の主幹を中心にロードマップ作りをしています。教委の方針も年度中の教育課程の消化を示しているので、無理ではないか？と思いつつも何とかしようと考えています。（と言いますと‥）

W：やはりこの約4カ月の休校は、子供と教員に多くの負担を強いています。子供の学習の遅れをなくそうと、毎週HPで「今週の勉強」を発信しています。それだけはとても済みません‥。（‥済まないこともあると？‥）

W：そうなんです‥なにしろ一方通行ですから‥。（子供とのやり取りがない？）そうです。当たり前のことだが、学校の教育は子供とのやり取りとそこでの思考で成り立つ。日々の授業ではなんでもなかった〈問い掛けと学び合いの連鎖〉が、瞬時にできなくなった。（それは互いにストレスになりますね‥）

W：もちろんです。私の経営方針にも「学びの陶冶」なんて書いているが、やはり対面のときのような学びの練り上げができない。それが辛い‥。主幹たちがうまくプラン作りするのだが‥。正直に言うと「中身が伴わない。子供の力を引き出せていない」ということです。（この事態だから、仕方ないのでは？‥）

W：子供は日々刻々と成長します。形式的なプランはできるのです。しかし、当然のことそれだけでは教育はできないです。年間または先を見通した実践の積み重ねと創意工夫が子供の学びを保障します。単に教育課程を子供に提供すれば、それが学びの保障になるとは考えられません。本校に限らず、小中の9年間そして高校・大学その後など、子供のライフプランを見通し、そのキャリアを援助することが先生の仕事だと思いますから‥。（まさに‥異論ないです‥）

W：いまは教委の指針を横目で見ながら、土曜授業や夏休み短縮そして2

学期からのプランを考えています。学校行事の削減も求められるが、しかし‥それは学びの保障に大きなマイナスだ。とくに、小の高学年から中学では行事体験での子供の成長は計り知れません。（その体験が学校教育の醍醐味ですね‥）それに、部活も何とかしたいです‥。そして、中3は受験対応が難問です。

W：ともかく、いまは事態に即応しながら集中しつつ、とくに私自身は教員よりも数歩先を年度末・次年度をみながら子供の日々を見たいと思う。ちょっと自信はないですが、いまこそ校長の存在が問われているような気がして‥。

私：いま、校長先生の頭に浮かぶプランは？‥お聞きできる範囲で‥。

W：これからは学校の場だけで考える教育ではありません。時間と場を超えたネット環境の中で営む教育が中軸になるでしょう。これまでの教育が問い続けている〈子供中心の教育〉の実現です。子供は何をツールに学ぶのか？その具体化をどのように為すのか？を問うことです。それは、「先生」から「ICT」へのシフトチェンジでしょう。（やはり「先生」の比重も大きいのでは？‥）

W：本校でいえば、1年生～4年生は「先生＞ICT」ですし、5年生～9年生は「先生＜ICT」だとみています。もちろん、〈先生〉の教育愛たる暗黙知がすべての子供の叡智を創る源泉になります。これがなければ、「ICT」の効果も意味を成しません。（そのことをお聞きして安心するところです‥）

W：とくに低学年の子には、きめ細やかなかかわりと先生との触れ合いが大切です。それに保護者との協力も欠かせません。最も必要なのが「3密」です（笑い）。その意味では政府の施策などにもあるウイルスや危機との共存が必然でしょう。（そのためにも感染予防対策が何よりも優先されるでしょうか‥）

W：そうです。油断なりません。ですから、校長として変幻自在な動きや朝令暮改ともいえる判断も必要だと考えています。（勇気ある英断ということ‥）

私；よくわかります。校長先生のリーダーシップの発揮しどころですね。
W：ええ‥校長の在り方も大きく変貌していくと考えています‥。前例踏襲型の教育では次代を生きる子供に向き合えないのです。もしかしたら「先生」の仕事も消滅するかもしれません‥。（大胆な発想ですが予測できますね）

W校長との学び合いから、ポストコロナ時代に向き合う学校経営上の取り組みとこれからの意気込みとヴィジョンが読み取れるであろう。

子供中心の学びをどのように保障するのか？　W校長が指摘するようにICTの活用が学びの連続性を担保する一翼になるであろう。ハイブリッド型の学びのシステムが考えられる。その構想の中で、どこで何を学ぶのか、異なる空間と時間をどう組み立てるのかなどが具体化できよう。

ネット環境の多様化により、子供の学習実態が「学校中心」から「家庭・社会中心」にシフトするであろう。その双方の融合とバランスが必然的にみられる。もちろんそれらの選択は発達段階にもよるが、子供自身の学びの判断に委ねられる。学校そのものの立ち位置も問われる。

いま、子供に学びの本質を問うとき、〈自らを律する力〉が求められる。自他の内面的な理解とその涵養である。とくに自己形成の視点から、子供のwell-beingとそこに寄り添うこころのケアの在り方を問いたい。

4　自分づくりの基盤—自他理解と発達課題

思うようになりにくい時代をどのように生きるのか。S先生のケースのように、子供には過酷と思える事態が今後も多々起こるであろう。

そこでも、子供が自らの生活を愉しむことを優先したい。その際のテーマはバランスのよい①自他理解、加えて②回復力の獲得である（図４）。

いままでの指導内容でも、教科での学びを基本に生徒指導等のキャリア形成がうまく機能している。その目的は子供の生き方の保障と社会の形成者の育成にある[5]。コロナ後はこれらの経験則による実践や前年通りの

図4　自他理解と回復力

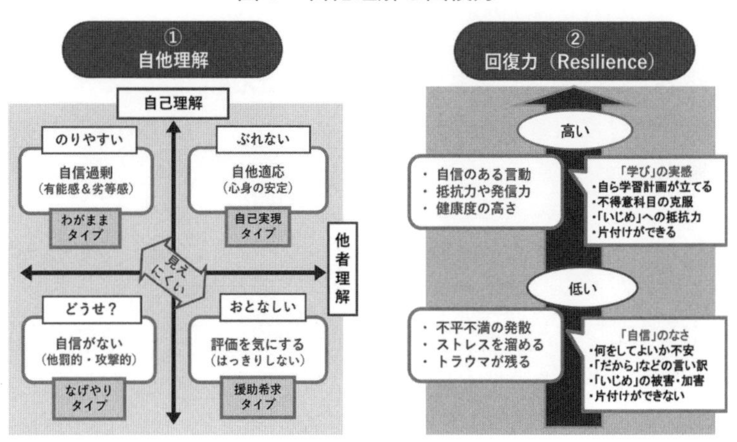

営みだけで間に合うのか？　子供たちは少なくとも大人よりも先に〈あり得る危機〉に触れる事態になろう。それゆえ、子供自身が社会事象のあり様を直視し、変幻自在に改革していく勇気をもつことが必要になる。

そこに関与する学びが、「自己学習」と「体験活動」をアウフヘーベン（止揚：aufheben）する力量である。試行錯誤や矛盾克服に向き合い、漸進的に学ぶことである。言語的な学びだけでは獲得できにくい。自ら為すことにより身に付くものであり、暗黙知として内在する力である。デジタルな世界に自分を置きつつも、身体で分かる、実感する、なるほどと納得できる、うれしさを味わうなど、体感覚として蓄積される学びである。

来るその時代には、そこに生きる子供自らが求める学びの陶冶としてアウトプット（出力）するであろう。その所産は、いまは〈？〉である。

もう一つのテーマは、発達課題の理解である（図5）[6]。ポストコロナの生活にあっても、それは不変であろう。各課題の克服は〈人生100年時代〉を生きる基軸を成し、個々のキャリア形成に資するものである。

とりわけ乳幼児期の甘えや愛着を基本とする〈生命力と愛の獲得〉はいつの時代でも不可欠である。自他を信頼する力であり、人が無自覚的に希求する愛である。いじめや虐待などを克服するエネルギーに資する。

図５　人生100年時代のベースになる発達課題

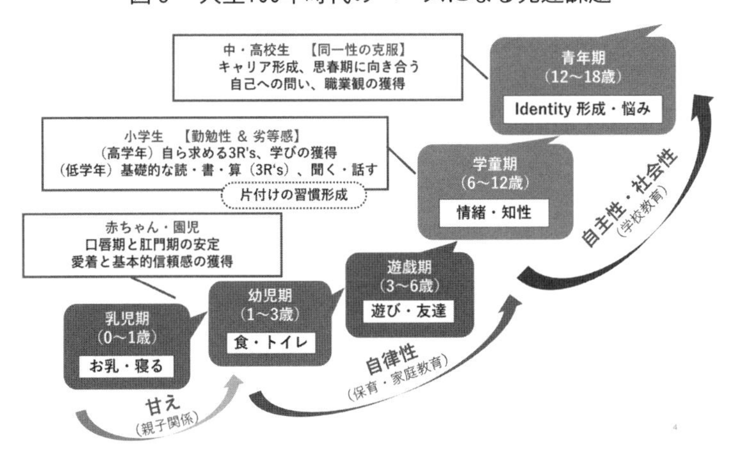

学力保障と対をなす子供個々の生活保障を「先生」として、どのように担い得るのか？　子供たちもその何らかの解答を先生と大人たちに期待しているのではないか。「コロナ後」が求める問いである。

5　規制緩和の方向性―「先生」を信頼する

いま私たちが実感しているように、社会全体が危機にあるときには行政施策が前面に出てくる。それを期待する向きもある。「文科省や教委の指針が遅い、早く！」「教員はどうすればいい？」などの言い方として‥。

図６は、この理解を学校教育との対比で検討したものである(7)。

Ａの思考は、子供たちと先生との学び合いを実践的に積み上げ、子供自らが学びの達成や成就感を得る営みである（帰納的教育）。そこでは先生の専門性が十分に発揮され、個々の学びをゆっくりと援助するアプローチがみられる。子供と先生双方のありのままの姿と自己成長がみられる。

一方、Ｂの思考が優先されると、子供や先生の実践よりもある目標価値（例；学力テストの点数アップ）にその言動が集中するであろう。ここでは数値的学力や教育マニュアルが期待される。これに呼応する法規制や管

図６　学校思考と行政思考

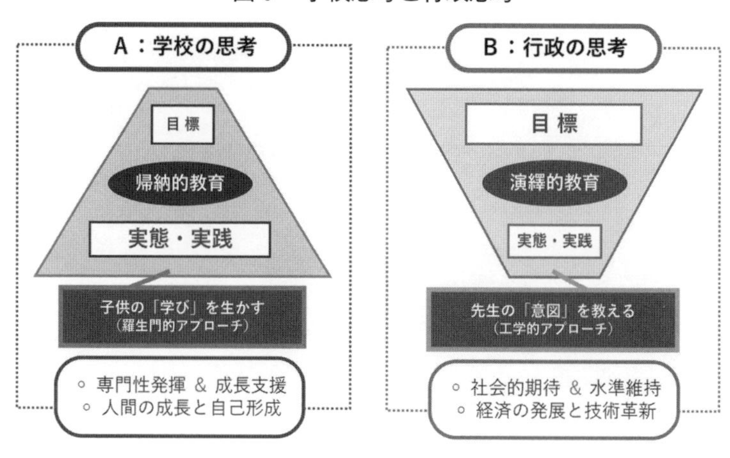

理要件が強化され過ぎると、子供や教員がいわゆる「ゆでガエル」[8]の状態に追いやられてしまう。ＢがＡを上回ると、子供の落ち着いた学びが萎縮する。教員も子供も疲労感を味わう。その循環だけは回避したい。

中学校のＹ校長は、内緒話としつつも明解に以下のように語る。

「‥いま生徒も教員もピンチだ。その実態を教委も共有してほしい。教委のマニュアルや指示がわかりにくい。その後の報告事項も煩雑だ。その手続きの処理に追われる。基本方針を示したら、『校長の判断で生徒の学びを保障すること。各学校の日々の実践を最優先されたい』との一言を発すれば、それで十分だ。『あとは先生たちに任せますよ』とのメッセージが学校現場にほしい‥」と。

（続けて、教員の具体的実践例も聞かせてくれた）

「自画像の制作過程を動画編集してHP発信する」、「オンライン授業で電流・電圧の測定実験の実際を補助教員とのコラボで見せる」、「教室でのタブレット学習の学びを家で復習する。それをプレゼン資料にする」、「ZOOM利用で生徒たちがリコーダーの合奏を楽しむ」などが試みられているという。

Y校長の語りに学ぶと、行政当局や社会の〈先生の教育力への信頼〉がキーになろう。ただ一部ではあるが、近年の教員志望数の低下や〈先生の研究力と指導力〉の貧弱さを指摘する声も散見される。過酷な勤務実態についても〈教員は専門職である〉との視点から問わなければならない。

先生の専門性の発揮は、子供との学び合いを豊かにする。そして確かな教育効果をうむ。Y校長の言うコロナ事態による実践例などが、規格品づくりに終始してきた感のある教育を抜本的に見直すチャンスになろう。そこでは、学習指導要領等に忖度している現状に気付くこともあろう。

6　真の学びを追究する

ポストコロナを生きるとき、いまに必要な教育とは何か？を先生自らが自問自答する必要がある。〈社会的共通資本としての教育〉を論じる経済学の宇沢弘文（1923-2014）は、その目的を次のように言う[(9)]。

> ‥ある特定の国家的、宗教的、人権的、階級的、ないしは経済的イデオロギーにもとづいて子どもの教育をするようなことがあってはならない。教育の目的はあくまでも、一人一人の子どもを立派な一人の社会的人間として成長して、個人的に幸福な、そして実りの多い人生をおくることができるように成長することをたすけるものだからである。　（下線：有村）

彼の20年来の持論と読み解く。あまたの「先生」も学生時代などに学び、研究したであろう先人の教育学（例；ルソー、デューイ、福澤諭吉）の論とも通じ合うものがある。一人一人の子供が安心して学び、自由と責任を享受できる社会に生きることの意義を提唱している。国をはじめ社会全体が子供の学びと成長を扶け、その成果を子供個々の求めに応じて活かしていくことが経済の意味〈経国済民〉であるとの主張であろう。

コロナの主の登場で、子供の学力保障が問題視され、９月入学や入試時

図７　学習指導要領改訂の経緯

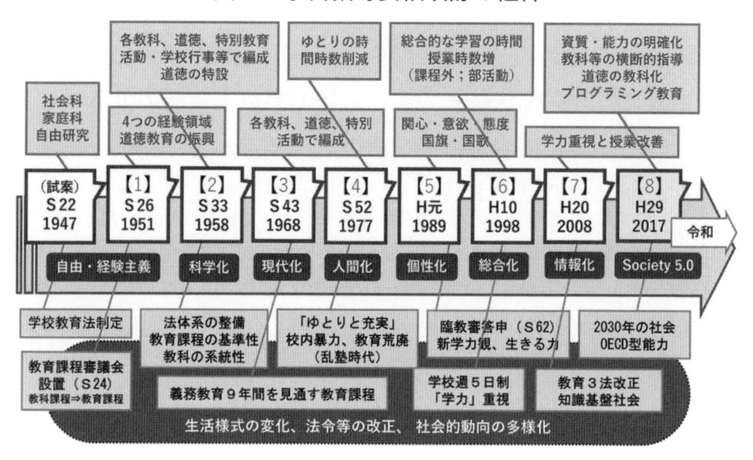

期の課題なども噴出している。この背後には、次代を生きる子供たちの教育のあり様はこのままでいいの？とする改革精神の高まりがあろう。

この具現化と実現には、聖域打破の大英断が必要である。コロナの主に乗じた政治的判断に期待もしたい。子供の人格の完成を目指す教育は国民生活の基盤を成す。それゆえ、その法規制も重装備化している。パッチワーク的改革による多少の緩和措置もさほどの意味を成さないだろう。

例えば、学習指導要領改訂の経緯（図７）(10)をみてみたい。戦後８回のそれは〈中教審答申⇒「その改訂」⇒教科書採択⇒教育課程実施〉のルーティンを約10年ごとに繰り返し、よりマニュアル化の傾向にある。

【２】S33の改訂で教育課程の骨組みが法体系化され、その後ほぼ60年間そのままの構造で受け継がれている。この間において、子供の生活実態は？教科等の構成は？子供の未来像は？国際化・情報化への対応は？などの論議がされてきたと思う。しかし、その法制改革には至っていない。

また、この約10年間は、学力低下の議論（例；PISA 調査）、教員の過酷な勤務実態、いじめや虐待などが教育の根幹を揺らしている。高度なネット社会の進化も、次代を生きる子供にその功罪を投げかけている。

このタイミングで、今日のコロナ事態がそこに連鎖的に反応している。

図８　ポストコロナ時代の時間割

		月	火	水	木	金	土	日
出会い	8:15〜8:40							
Ⅰ	8:45〜9:45	言語	言語	言語	言語	言語		
Ⅱ	10:00〜11:00	数理	数理	数理	数理	数理		
Ⅲ	11:15〜12:15	①	体育	②	体育	③		
昼食	12:15〜13:00							
休憩	13:00〜13:20							
Ⅳ	13:20〜14:20	④	⑤	⑥	⑦	⑧		
Ⅴ	14:35〜15:35	⑨	⑩	⑪	⑫	⑬		
放課後	15：35〜							

（土・日）
学校施設の開放
（例）
自習教室
（教室の開放）
サークル活動
親子学級
地域の人々の活用

「学び」を引き出すために
1. 各学校の教育構想を基本とする。（学校は子供の自己成長に資する場・空間）
2. 「言語」「数理」「体育」「教養：Arts」の４領域で編成する。
3. 登校時を「出会い」の時間とする。⇒ 子供と教師の触れ合いの時間
4. 放課後は、必要に応じて「補習」や「相談活動」等を行う。
5. １単位時間は、60分を基本とする。子供の発達に応じて柔軟に運用する。

①〜⑬
「教養：Arts」
各学校の主体性と機能性を活かす。

これを教育制度改革の起爆剤にするのか、一過性の事態として時期尚早として流すのか‥。スピード感ある法制改正の政治決断が真の学びを保障するのではないか。そして、次代の子供の生き方を確かにすると思う。

7　されど時間割―ポストコロナ時代の学校改革案

子供たちの学習活動は、各学校が決める〈時間割〉によって展開されている。学習指導要領の「別表第一」（小学校）・「別表第二」（中学校）の規定である[(11)]。この定めが学校教育の日常を左右し、子供たちの学習と生活のリズムを形成している。先生の教授活動もそれに呼応する。

上記の図７の経緯からも理解できるように、約60年間その骨格と抜本的な教育施策の改革は為されなかったであろう（その案の試みはみられたもののその法令改正は実現していない）。一方で、その存在と安定的な運用が今日の学校教育の意義を維持・継続させているとの見方もある。

ウイルスとの対応が長期化しているいま、〈時間割〉のすべてを各学校に任せる英断が必要ではないか（「別表第一」の廃止）。この具体と実現がいまの教育の諸課題を一変させると思う。その一案を図８に提案する。

表　学習指導要領「第１章 総則」の文字数

改訂年	Ｓ33	Ｓ43	Ｓ52	Ｈ元	Ｈ10	Ｈ20	Ｈ29
小学校	3,756	1,796	1,515	2,467	3,971	4,327	9,966
中学校	5,351	2,346	1,909	3,537	4,130	4,809	9,866

いかがであろうか？　基本的な教育水準維持の観点から「読書算」などの基礎能力を重視しつつも、各学校が子供の生活実態や発達特性に即応して自由な発想で教育活動を展開することを期待するものである。

とりわけ①～⑬に充てる「教養」での学びがポイントになる。その中で各学校が自ら展開したい科目等を多角的に設定し、子供個々の個性や能力に応じた学びを引き出す工夫をしたい。必然的に「先生」にも幾多の悩みや新たな思索が発生してくる。そこでの議論そのものが、ポストコロナ時代の学校改革を成し、子供の学力と生活の保障に資するものと考える。

この案では、年間の授業時数が気になろうか。数値的には年間1,050単位時間（１単位50分）を確保している(12)。中学校の「別表第二」が示す1,015単位時間を上回る。学力水準低下の懸念はないであろう。

また、多様かつ自由な教育活動が可能であるから、学習指導要領の細かな留意事項等の多くを削減できると思う。その「総則」の文字数をみるとＳ52の改訂から急増し、今回は前回の約２倍である（表）(13)。

ここに「先生」の研究力・指導力の不全さの一因があるのではないか。「総則」の内容を減じ、教育課程の法的拘束を軽くする必要がある。

そこには、子供と先生が創造的に学び合う空間と時間が見られるようになろう。この実現をコロナの主は暗示しているのではないだろうか。

【注】

（１）山中伸弥教授（京都大学）の HP：「ファクター X」（日本の感染者数や死亡率が諸外国よりも低い要因）その候補として徹底的なクラスター対応、マスク着用や入浴などの衛生意識、ハグや握手などが少ない生活文化、日本人の遺伝的要因、BCG 接種等の公衆衛生政策などを挙げている。

（２）有村久春『カウンセリング感覚のある学級経営ハンドブック』金子書房2011を参考にした（とくに序章およびｐ42）。
（３）（２）の文献を参考にした（とくに序章）。
（４）原文では「親情熱誠」としている。「真情熱誠」の誤植であろう。澤正『学級経営』弘道館1912、ｐ19
（５）学習指導要領の「総則」の記述や「特別活動」の目標等を参照のこと。
（６）E.H. エリクソン『幼児期と社会１』（仁科弥生訳）みすず書房1987年を参考にした。
（７）佐藤郁哉編著『50年目の「大学解体」20年後の大学再生』京都大学学術出版会2018、および近年の「中教審答申」などを参考にした。
（８）組織運営などで職員が息苦しくなる状態をいう。「カエルを熱湯に入れるとすぐに飛び跳ねて逃げ出す。しかし徐々に温度を上げるとそれに気づかずゆでられてしまう。そして死に至る」との比喩表現。
（９）宇沢弘文著『社会的共通資本』岩波新書2000、ｐ125
(10) これまでの中教審答申、各改訂時の学習指導要領を参考にした。
(11) 学校校教育施行規則による。小学校は第50条・51条、中学校は第72条・73条を参照のこと。
(12) １日５時間（60分×５）×週５日×年間35週＝875時間である。これを１単位時間50分に換算すると、年間1,050単位時間と計算できる。
(13) 国立教育政策研究所 HP；「学習指導要領データベース」により作成した。

＊本稿作成に当たって、何人かの校長先生や教委の方々にインタビュー等をさせていただいた。改めて感謝申し上げる。

第3章

コロナ後の教育課程経営をどう進めるか

Ⅰ　田上富男　栃木県真岡市教育委員会教育長
Ⅱ　住田昌治　横浜市立日枝小学校長

Ⅰ 学校のあらゆる教育活動は子供のためにある

1 今こそカリキュラム・マネジメントが問われる

学校が再開され通常に戻っているとはいえ、新型コロナウイルスの感染拡大のリスクがなくなったわけではない。そのため学校では、教育活動における「３密」を可能な限り避ける工夫をするとともに、検温、マスク着用、うがい、手洗い、手指消毒等を徹底するなど、感染症対策に細心の注意を払っている。また、感染拡大の第２波、第３波も懸念されるため、不測の事態に備えて、今後どのように教育課程を見直し実施していくのか、難しい課題に直面している。

文部科学省は６月５日、休業期間が長期化したために不足した授業日数は、例年より45日程度不足するとの試算を明らかにし、「学びの保障」に向けた総合対策を公表した。これによると、学習内容を精査し、一部を家庭学習などで補うことや、夏休みや冬休みの短縮、土曜日の授業実施、放課後の補充授業で授業時数を確保することなどが示されている。またこの中には、授業だけではなく、感染対策を講じながら運動会や修学旅行等の学校行事の実施についても示されている。とはいえ、新型コロナウイルス感染症の状況は地域によって異なり、また、現在進行形で先が見通せない状況にあることから、文部科学省では、示したスケジュール案を参考に学校の実情に応じて対応すべきとしている。

学校では、今回の臨時休校により時間がなくなったばかりではなく、感染拡大のリスクを考えて、学校で活動できる場所が制限されたり、活動の中での子供同士の関わりが制限されたりと、これまでのような教育活動ができない状況にある。こういった中で、子供たちの学校生活の質を維持しつつ学びを保障するためには、授業時数を確保することはもちろんのこと、教育活動を見直し重点化を図ることが不可欠である。コロナ後の学校においては、限られた時間と環境の中で、効率的・効果的な教育活動を展開し成果を上げることが求められ、学校のカリキュラム・マネジメントがこれまで以上に問われることになる。

これまでもカリキュラム・マネジメントの重要性が言われてはいたが、教育活動の中心である各教科のカリキュラムは教科書に基づき整備されていて、マネジメントの余地はあまりなかったと言える。しかし、これからは違い、教科書の学習内容の扱いに軽重を付けたり、指導順序を変更したり、個人でも学習可能な内容の一部を家庭学習等の授業以外で行うようにしたりして、子供の学びを保障しなければならない。また、いつ第２波、第３波が起こり、授業ができなくなるか分からないため、短いスパンでPDCAサイクルを回し、カリキュラムの見直しを図ることも求められる。これがまさにカリキュラム・マネジメントであって、教師一人一人の教科経営力にかかっていると言える。

2　長期休業の短縮など授業時数をどう確保するか

今回の臨時休校により、最も学校を悩ませたのは授業時数の確保であろう。文部科学省では、最終学年を除いては次学年又は次々学年に移して教育課程を編成してもよいとしているが、これはあくまでも特例的対応であって、どこの学校でも授業時数の確保に腐心していることと思われる。

学習指導要領が定めている標準時数を確保するためには、年間35週以上の授業日数が必要である。これだけの日数を確保するには、夏休み等の長期休業の短縮や土曜授業、放課後の補充授業の実施などで工面する以外にない。夏休みの授業については、特に近年の猛暑により、教室には冷房が完備されており何の不都合も生じない。また、臨時休校が３か月も続いたことから、子供や保護者も夏休み短縮はやむを得ないと思っている。そのため、夏休みをかなり大胆に短縮したところもあるのではないだろうか。

本市においても、ゴールデンウィーク末の５月６日までとしていた臨時休校を、さらに５月31日まで延長した時点で夏休みの短縮を決めている。

早々に夏休みの短縮を決めたのは、臨時休校延長と夏休み短縮をセットにして公表することで、授業時数を確保し保護者の不安を払拭するためである。ただし、夏休みの短縮は容易に決まったわけではない。

当初、夏休みを８月１日から８月23日までに短縮し、年間38週を確保することとした。ところが、近年の夏の猛暑を考えると、午後まで授業を行うとなれば、子供たちの下校時は１日のうちで最も気温が高くなる時刻と重なってしまう。そのため熱中症の危険性が高まる。また、午後までとなれば給食も提供しなければならず、食中毒の恐れもある。そこで、夏休みを８月８日から16日までの９日間とし、夏休み中の授業は午前中３時間とすることにした。授業開始時刻を若干早めることにより、午前11時頃には授業が終了する。そのため、真夏の暑さのピーク時を避けることができ、食中毒が危惧される給食も回避できる。

しかし、子供の安全を第一に考えてのことであっても、保護者からすれば毎日昼食を用意しなければならない負担から、給食については強い要望があった。また、小学校の授業終了と学童保育の時間差が生じることや、夏休み期間が生活圏を共にする近隣の市町と異なり不便さを生じることなどから、これも見直さざるを得なくなった。最終的には、近隣の市町と同様の８月１日～16日を夏休みとし、通常授業で給食も提供することとしたが、通常の夏休みを変更することの難しさが浮き彫りになった。

土曜授業については実施も考えたが、多くの子供が土曜日に学習塾やスポーツ教室、ピアノ、書道等の習い事をしていることや、夏休みの短縮等で教員の振替休が難しいことから、実施を見送ることにした。その分、本市独自で行っている小３～中２の宿泊学習（３泊４日）を、感染リスクが高いことから取り止めるなど行事を見直し、授業時数の確保に努めた。また、教員の出張等を極力減らし教員が授業に専念できるよう、教員研修や会議等は必要最小限に抑えることとした。

このようにして授業時数は確保したものの、今後新型コロナウイルス感染拡大の第２波、第３波も予想されるため、その対応も講じておかなければならない。文部科学大臣も「再び休校が長期にわたった場合、学びの時間を確保する様々な方策を選択肢に入れておく必要がある」と言っている。

本市では、臨時休校中の家庭学習を支援するため、授業動画を作成し配信した。しかし、全ての家庭が視聴できる環境にないため、動画を記録したDVDも配布した。第2波、第3波への対応としては、できる限り分散登校で授業を実施するとともに、授業動画作成のノウハウを活用し、分散登校と授業動画の併用などで授業時数の確保に努めたいと考えている。

3　年間指導計画をどう見直すか

これからの学校は、新型コロナウイルス感染症とともに生きるという認識に立ち、子供の健やかな学びを保障するということになる。前述したように、臨時休校により時間がなくなっただけではなく、学校で活動できる場所や活動の中での子供同士の関わりが制限され、これまでのような教育活動ができない場合も生じている。また、地域や学校によって感染状況が異なるため、それぞれの学校の実情に応じた対応が求められる。

文部科学省では、『学校における新型コロナウイルス感染症に関する衛生管理マニュアル～「学校の新しい様式」～（2020.6.16 Ver.2)』において、地域の感染レベルを3段階に分けた「新しい生活様式」を踏まえた学校の行動基準を示している。学校においては、ここで示された行動基準をもとに各教科等の指導内容を検討し、夏休みの短縮や土曜授業等で確保した授業時数に基づいて年間指導計画を見直し、修正していくことになる。

見直しに当たっては、次のような点に配慮することが大切である。

まず、3月初めからの臨時休校により、未履修の学習内容がある場合には、一日の授業時数を増やして補充する時間を確保するか、系統的な教科については、今年度の学習の中で関連する単元の前に指導するかなど、その扱いを明確にする。その際、未履修の学習内容の扱いは、子供だけでなく保護者も心配しているため、いつどのように指導するかを予め伝えておく必要がある。

今年度の学習内容については、学習指導の重点化を図るため、授業で扱う内容と家庭学習でも学ぶことができる内容とに分けるなどして、学習内容を精査する。これについて文部科学省では、教科の学習内容は最大2割程度授業外でも学ぶことができるとして、学習内容を授業と家庭学習とで分けた資料を作成しているので、それを参考に各学校の実情に応じて指導計画を見直すことになる。

なおその際には、新学習指導要領の趣旨を踏まえることが大切である。子供たちが「何ができるようになるか」(育成を目指す資質・能力)を十分に意識した上で、「何を学ぶか」(指導すべき内容)を明確化し、様々な状況を勘案し「どのように学ぶか」(指導方法)を検討して、学習内容の重点化を図っていくことが大切になる。特に小学校では、今年度から新学習指導要領が全面実施となっているため、その趣旨を十分に反映しなければならない。

また、授業における活動では、感染リスクが高いものもあるため注意が必要である。文部科学省では、各教科等における「感染症対策を講じてもなお感染リスクの高い学習活動」として、例えば、児童生徒が近距離で対面形式となるグループ活動や近距離で一斉に大きな声で話す活動などは、感染症対策を講じてもなお感染リスクが高い学習活動としている。この2つは全ての教科等で共通する感染リスクが高い活動であるが、理科や音楽等の教科特有の活動においても感染リスクが高い活動が挙げられているため、それらに基づき各教科等の学習内容を精査、検討し、指導計画を修正しなければならない。

特に理科、音楽、体育や保健体育の授業では活動が大幅に制限されるため、次のような発想の転換も必要である。

・理科の授業では、子供同士が近距離で活動する実験や観察が制限されることから、実際に体験する実験や観察から、実験や観察を見て学ぶ学習への切り替え。

・音楽の授業では、室内で子供が近距離で行う合唱やリコーダー、鍵盤ハーモニカ等の管楽器の演奏が制限されることから、歌ったり演奏したりする授業から、聴いたり映像で学んだりする授業への切り替え。

・体育や保健体育の授業では、子供が密集する運動や近距離で組み合ったり接触したりする運動が制限されることから、チームや集団の体育から、個人で行う体育、保健体育への切り替え。

そして最後に、評価計画も併せて見直すことになる。特に中学校では、学習内容や授業時数等を勘案し、適切に定期テストを位置付けるとともに、単元テストや小テストを計画的に実施し学習の過程や到達度を適切に評価する。今後、不測の事態も想定されるため、子供の学習状況を適宜適切に把握して指導計画を見直すなど、柔軟な対応が求められる。

4　週時間割をどう見直すか

臨時休校後の時間割編成に当たっては、③で述べたように、各教科等の学習内容を精査し重点化を図ったため、それぞれの時数は年度当初の予定と大幅に違っている。時数が少なくなっただけでなく、各教科等35で割り切れるものではなく、固定した時間割編成は難しい。そのため、複数の時間割を用意するなど、これまで以上に時間割を弾力的に組み替えることが必要になってくる。そこで、時間割編成上の工夫として、次のような点を考慮することが大切である。

・１コマ５分短縮する短縮授業を実施し、週の授業時数を増やす。
・放課後の補充授業の時間を確保し、必要な教科を割り当てる。文部科学省が公表した中３のスケジュール案にも週２回の補充授業が示されているが、限られた時数の中でどの教科を補充するかは非常に重要である。
・学習の遅れや学力の差が懸念され、これまで以上に個別指導が求められている。そのため、重点学年や重点教科を決めて学習指導員等を配置するなど、全学年を見通した時間割の見直しが必要である。
・教科の特性から、連続した時数で行った方が効果が上がる教科や、特定の期間に集中して行った方が効果が上がる教科を考慮する。
・生活科や総合的な学習の時間と他教科等との関連を図るなど、合科的・関連的指導が効果的に機能するよう配慮する。

・運動会や文化祭等の学校行事の際は、関連する教科等を考慮して時間割を組み替えるなど、柔軟な対応が必要である。

5 学校行事をどう見直すか

今回の新型コロナウイルス感染症では、学校行事も大きな被害をこうむっている。卒業式や入学式を屋外で行ったり、時間を短縮し卒業生や入学生と教職員だけで行ったりと、どこの学校も開催するには苦慮している。また、修学旅行の中止や延期、方面変更、運動会の規模縮小など、子供たちにとって最も楽しみで思い出に残る学校行事が悉く見直されている。今後さらに、感染拡大防止に加えて授業時数確保という点から、多くの学校行事が見直されることが予想される。しかし学校行事は、子供たちの学校生活に潤いや秩序と変化を与える欠かすことのできない教育活動であるため、見直しの際は次のような点を考慮することが大切である。

・このような時こそ原点に返り、学校行事の目標である望ましい人間関係の形成、集団への所属感や連帯感の醸成、公共の精神の涵養、自主的、実践的態度の育成を図るにはどのような行事が必要かを十分に検討する。

・入学式や卒業式等の儀式的行事については、冒頭のような配慮に加えて、保護者出席の場合は、座席の間隔を開け指定席にするなどの対策を講じる。

・文化祭や学習発表会等の文化的行事については、内容を見直し準備の時間を極力少なくする。不特定多数の来校者を伴う行事は見合わせるか、保護者のみの参加とするなど制限が必要である。

・健康安全・体育的行事については、健康診断や避難訓練等の実施が不可欠な行事は「３密」を避け、マスク着用等の感染防止を徹底して実施する。

・運動会や体育祭は、種目を見直し準備の時間を極力少なくするとともにに、子供と教職員のみでの実施や来場者の制限が必要である。
・修学旅行や宿泊学習等の旅行（遠足）・集団宿泊的行事については、方面や活動の見直し、バスや宿泊施設での感染防止の徹底が必要である。
・職業体験やボランティア等の勤労生産・奉仕的行事については、場所や活動を見直し、「３密」を避け、マスク着用等の感染防止を徹底して実施する。

6　部活動をどう実施するか

部活動は教育課程外の活動ではあるが、子供たちの学校生活における比重は大きい。また、部活動は心身を鍛えるとともに、仲間との友情を育み、ルールやマナー、礼儀作法を学ぶなど、その教育的意義も大きい。しかし今回の新型コロナウイルス禍の中で、長期にわたって活動が自粛されたり、全国大会や県大会等が悉く中止となったりで、子供たちへの打撃は大きい。

こういった中、学校が再開され、規模縮小での地区大会開催等の動きもあり、各学校では感染対策を講じた上で段階的に部活動を実施している。本市においても次のような点に留意して部活動を行っている。

・部活動への参加は子供と保護者の意向を尊重し、強制的に参加させるようなことはしない。
・体育館や部室等の換気、検温、うがい、手洗い、手指消毒を徹底する。
・屋外での部活動はできるだけ密を避けるため、ミニゲームやダブルスの練習はしない。また、使用する用具は消毒し、不必要な使い回しはしない。
・屋内での部活動は互いに距離をとり、複数の部が使用する場合には交替制で行う。
・柔道の相手と組む練習や接触する練習、剣道の対面での練習はしない。
・吹奏楽では全体の練習は避け、音楽室だけでなく教室も使用してパートごとの少人数で練習する。また、対面での練習はしない。

各学校では、この他にも様々な部活動が設置されていると思うが、是非とも創意工夫し、子供たちの学校生活の励みとなる部活動にしてほしい。

7 子供が充実感を持てる学校の在り方とは

子供がいない学校が３か月も続き、改めて学校は「子供のためにある」ということを実感したのではないだろうか。そして、学校のあらゆる教育活動も子供のためにあることが再認識できる。授業や学校行事、部活動等全てが子供のためにあって、さらにそれらは子供を生かすためにある。言うまでもないが、一人一人の子供にはよさがあり、そのよさを認め、引き出し、伸ばすことが教育であり学校の役目である。学校のあらゆる教育活動はそのためのもので、各教育活動は子供のよさが発揮され向上することを目的に実施される。教師はそのために適切な指導・支援をしなければならない。そして、子供はそのことを実感して始めて充実感を味わう。

例えば、学校が楽しいのは友達の存在等だけでなく、勉強が分かってはじめて子供は学校の楽しさを味わう。だから教師は授業の質を高め、子供にとって分かる授業をしなければならない。また、学校生活の中心は学級で、子供は相当長く学級で過ごしている。だから学級での活動が子供の充実感を左右し、そのためには一人一人が認められ大切にされる居がいのある学級づくりが必須となる。

これらはどれも当たり前のことではあるが、極めて重要な学校の在り方である。したがって、学校のこれまでの当たり前を当たり前にできるようにすることが、子供にとって最も充実感を与えるものと考える。

Ⅱ　子どもの楽しみを取り戻す新たな学校づくり

1　新学習指導要領を視野に入れた学校再開後の教育課程

(１) 学校再開後の教育課程再編成に向けて

本校では、学校再開後の教育課程について基本的な考え方を共有するために、次のように教職員に伝えました。

「学習の遅れを取り戻す」、「コロナウイルス感染拡大防止」という掛け声のもと、多くの子どもが楽しみにしている行事等の中止や延期、精選、長期休みの短縮、土曜授業、７時間授業等が求められる中にあって、どのような資質・能力（学校教育目標で目指す姿）を身に付けさせていくのかを重視した教育課程再編成が必要です。間違っても、やみくもに教科書を終わらせるためだけの授業に偏ってはいけません。学校再開を楽しみにしていた子どもたちをこれ以上がっかりさせてはいけません。今、子ども達が、学校で学ぶ楽しさを実感できなければ学校の存在意義さえ薄れていくことを認識する必要があります。

短期間で教育課程の遅れを取り戻そうと、これまで以上に一方的な詰め込み教育が行われ、子どもの主体性が蔑ろにされるようなことは防がなければなりません。「こなす」ことを優先するのではなく、子どもが学校で学ぶことの価値を検討するところから始めたいと思います。これからやってくると言われている第二波、第三波に備えて、再び家庭で学ぶことになっても、子ども自身が日々の生活や学びをつくっていけるようにしていきましょう。学校でやって身に付けておくこと、家庭と協力してやっていけるようにしておくことを視点としながら、教育課程を見直します。子どもたちが自立した学びを実現するために、家庭で過ごすときの一日のスケジュールや学習計画は、あらかじめ学校でも経験し、家庭と協力して実行できるようにしていく必要があります。

（2）新学習指導要領の実施に向けて

・教師が教える→子どもが学ぶ授業への転換：学びの主体は子どもであり、子どもと一緒に考えていくことが重要。教師はティーチングからコーチングへとマインドセットを変える。
・主語を子どもにする（主体を子どもにする）ことで、新しい文化を創り出していくのは自分なのだという“主体性の感覚”を！

そのために、「意見を言う→聞いてもらう→否定されない→意見を言う」という繰り返しの中で学習環境を整え、自分の居場所をつくり、自己肯定感（自分が好き）を育てていくことが大切です。まず、大切なことは遅れを取り戻すために焦って窮屈な教育課程にしないことです。「主体的、対話的で深い学び」を希求する学びへの転換期ですから、子ども主体の子どもが主人公の学校に大きく変えていくことが必要です。教育課程編成においても子どもの声をできるだけ聞きながら、進めていきましょう。そういう意味でも、大人が勝手に決めてしまうのではなく、ゆっくり子どもとともに話し合い、考えていくことが肝要です。

これからはVUCA（ブーカ）の時代で、Volatility（変動性）、Uncertainty（不確実性）、Complexity（複雑性）、Ambiguity（曖昧性）に満ちています。今回の新型コロナウイルス感染症のような事態や大きな災害は、これからは頻繁に起こるかもしれません。学校での学びの時間が有限であることを自覚し、今回のような逆境に置かれたときに、それにどう向き合うか考えて行動することが必要です。逆境と向き合っている先生の姿を見て、逆境と向き合える児童生徒が自ずと育ちます。子どもは言った通りに育つのではなく、大人がするように育ちます。試行錯誤しながらアイデアを出したり、挑戦したり、いろんな人と対話をしたり、自分一人でアイデアが出ないときには、仲間と相談したりする姿は、先生たちは逆境を乗り越えていくんだと児童生徒に伝わり学んでいきます。

（3）配慮したいこと

通常どおりの授業の開始に伴い、児童生徒の携行品の量が増加することが予想されます。季節的に熱中症のリスクが心配され、暑熱順化への配慮が必要なことも踏まえ、児童生徒にとって過度な負担とならないよう、各学校の状況に応じた適切な配慮が必要です。

授業中においても、これまでと違って、様々な制約がありますので、配慮していく必要があります。今後のガイドライン等の変更によって、制約も緩やかに解除されていくかもしれませんが、これだけはきちんと守っていきたいということは学校で共有しておく必要があります。この内容については、他の執筆者の方が詳しく書かれると思います。

2　教育課程の再編成をどのように行うか

（1）教育課程再編成の基本的な考え方

教育課程を見直す上で大事にしたいことは、各学年の各教科等において、各学校で設定した学校教育目標の実現ができるように留意すること、学校再開後の柔軟な教育課程を行うために、学習内容や身に付ける資質・能力を適切に把握し、複数の指導事項を精選し、効率的かつ効果的に授業を行うための計画を立案することです。

では、具体的に教育課程をどのように見直し、再編成していくか考えてみたいと思います。12カ月で計画されていたものを10カ月で再計画するわけですから、同じ内容を詰め込んだら授業日数や日課表に無理が生じます。そこで、カリキュラム・マネジメントの力が問われてくることになります。カリキュラム・マネジメントは、コロナ禍で大きな修正が求められる状況においては通常時以上に力を発揮します。ただ、問題は学校においてほとんど教育課程を実施しない状態での評価・改善ですので、休校中の子ども達の生活や学びの実態を把握して、今後の教育課程を考えなければなりません。

（2）年間指導計画の作成について

今後の年間指導計画を作成していく手順としては、まず、残された年間授業時数の見込みを算出し、全教科等の指導計画を見直します。自治体によって、夏休み・冬休み・春休みの期間短縮や土曜授業や７時間授業の実施等において差があると思いますので、それぞれの自治体や学校で年間授業時数の見込みを算出する必要があります。各学校で裁量の余地があるのならば、できるだけ子どもに負担がかからないように考えてほしいと思います。教育課程編成権が学校にあることを常に確認しながら、画一的な考えや横並びの対応にならないように、自校の実態に合う計画を立てていくことが大切です。

次に、それぞれの教科等で扱う指導事項を確認します。学校や児童の実態や季節等を考慮しながら、実施時期を延期するもの、育成する資質・能力が同様の単元等を見極めます。そのときに、管理職や教務部で一方的に作成するのではなく、学年会や教科部などで対話や話し合いを重ねながら行うようにします。コロナ禍の収束には時間を要すると言われていますので、長期的な視点での見極めが必要になります。当分、感染症予防対策を講じながら、感染の可能性の高い学習活動は避けなければなりません。学習する順序を入れ替えたり、学校における集団での学びとオンライン授業における個別の学び等・家庭における学習の組み合わせたりすることで、新たな指導計画を考えていきます。

各教科の指導事項が確認されたら、各教科等へ配当する授業時間を決めます。配当にあたっては、通常の配当時間の割合を採用するのか、軽重をかけて配当するのか考えます。(本校では、8割程度に削減した時数で、配当は通常の割合にします) 児童生徒の実態を把握し、学校教育目標をもとに、育成する資質・能力を育めるように時間割を設定することが望ましいです。

また、2年間で螺旋的・反復的に指導する指導事項にかかる教材について、各学校で設定している資質・能力が身に付いている場合は、上級学年の教材・単元を精選することが考えられます。

(3) 年間指導計画作成の手順

まとめると、授業時間が減る中でも、育成する資質・能力を育んでいけるように各学校で教育課程の再編成をします。おおまかな手順としては、以下のようなものです。

①　今後、計上できる総授業時数を確認する。

②　育成する資質・能力、指導事項を確認する。休校で扱うことができなかった指導事項が６月から３月までの単元にあるか確認し、ない場合はその指導事項を入れ込む等の調整をする。

③　配当時間を資質・能力が身に付くように調整をする。

④　教科等横断的な視点で単元づくりをする。総合的な時間との関連した単元を作る。（カリキュラム・マネジメント）

（４）改めて年間指導計画で確認しておきたいこと

最後に、確認しておきたいことは、コロナ禍による休校によって問題になっている「遅れを取り戻す」ということについてです。この遅れを教科書が進まないことだと捉えられていることが多いような気がします。教科書を使うことは法律で決まっているのですが、どのように使うのかは各学校や教員に任されているものです。教科書は、学習指導要領に示されている指導事項や目指す資質・能力が身に付くように活用するものですから、扱いに軽重をつけたり、個別学習で扱ったり、家庭学習で扱ったりすることも可能です。そういう視点から考えると、調整できる時間もかなり大きいのではないかと思います。

例えば、小学校算数では、学習内容の活用を図るトピック単元については、必要に応じて主単元の学習計画に組み入れたり、年度末の総復習は、個々の課題に応じて扱う内容や領域を絞ったり、興味のある問題に取り組んだりすることで調整すると数十時間の調整ができます。授業にICTを活用することができる学校では、有効なコンテンツを活用した個別最適化した学びで、さらに調整できる時間は増えるかもしれません。今後のICT整備の状況によっては様々な可能性が期待されます。

3　週時間割をどう見直すか

基本的には、週時間割を変更することは望ましくないと思います。年間指導計画を作成した段階で、週時間割を編成すると思います。そのときに、一週間の授業時間が昨年までと比べて大きく増加することのないように配慮する必要があります。学習のみならず、生活リズムや感染症予防への取組で子どもたちのストレスは高まっています。おまけに夏休みも大きく短縮されたり、土曜授業まで行っている自治体もありますから、児童生徒の心身の健康、教職員の働き方の問題からも週時間割は負担を軽くするように計画するようにしましょう。

一単位時間を短くしてコマ数を増やすことも考えられますが、授業時間にはリズムがありますから、小学校で言えば45分で授業を構成することでペースがつかめます。

4 学校行事をどうするか

学校教育は、子どもたちが一生を生きていく上で役に立つ知識や技能を身につけることが目的ですが、それとともに、社会の常識や人間関係の形成の仕方、つまり社会性、また、人としての在り方や生き方、人格を形成することを助けることも、重要な目的です。

各地の様子を聞いていますと、修学旅行や文化祭、体育祭、運動会など、子どもたちにとって、とても大切な行事が中止されています。ぜひ、学校教育の本当の目的を再考してほしいと熱望します。

各学校において、感染拡大防止の観点から内容の変更、実施方法の工夫、延期等の対応をし、それぞれ行事の目標や必要性を確認して計画を見直すとともに、準備や当日においても感染症対策を講じながら、児童生徒や学校の実態に応じて創意工夫して行えるようにします。

特に、運動会や体育祭の計画にあたっては、内容の変更や実施方法の工夫等（例えば、半日程度の開催、保護者・地域の方の参観をなくし、児童・生徒だけで行う、学年別・ブロック別等人数制限をして行うなど）、文化祭や学習発表会、フェスティバル等では、活動場所が屋内か屋外か、来校者の有無などを踏まえて、密閉、密集、密接を避けるよう配慮した上で、延期や中止を判断します。また、「遠足（旅行）・集団宿泊的行事」についても、目的地の変更や内容の精選による縮小等の対応をし、できるだけ実施する方向で考えてほしいと思います。

「学校行事での感染防止の視点（例）」～修学旅行の場合～

①実施前

・家庭において　実施前（特に14日前から）の児童生徒と家族の体調管理（毎日の検温や記録の記入）
・学校による児童生徒の体調把握（実施前の検温等、健康観察を行う）
・実施するにあたっての保護者の理解と承諾
・各家庭へ実施日数分のマスク、ハンカチ等の準備の依頼
・県、市域の新型コロナウイルスの感染状況の確認
・目的地の新型コロナウイルスの感染予防措置の実施状況、感染状況の確認、医療体制等の情報収集
・移動中や目的地での対応について旅行業者や宿泊先との十分な打ち合わせ

②実施時

・活動中も原則としてマスクの着用とこまめな手洗いやうがいの励行

ａ移動

移動中の交通手段での、感染拡大防止措置（「旅行関連業における新型コロナウイルス対応ガイドラインに基づく国内修学旅行の手引き（第１版）」参考）

ｂ宿泊先、目的地（見学先等）

・宿泊先、目的地での危機管理（目的地の医療体制や感染状況の確認）
・目的地での児童生徒の体調把握（検温等、健康観察を行う）
・宿泊先の室内で、換気や一定の距離を守って過ごせる環境の確保（一部屋当たりの収容人数減等）
・宿泊先で向かい合わせにならず、隣席と１メートル程度の距離を空けた上で、会話を控えての食事（食事時間の交代制等）
・宿泊先、目的地における食事メニューの適切な提供（ビュッフェ形式や複数名で食べる大皿料理、鍋料理などの回避）

・宿泊先の浴室、脱衣所に十分な広さがあり、密集・密閉・密接を回避（1回の入浴者数減等）
・宿泊先、目的地で雨天や悪天候の時、密集・密閉・密接を避けたプログラムが実施可能
・児童生徒や教職員の感染が疑われるときや判明したとき、近隣で感染が発生したときの目的地の医療機関や医療体制の確認、さらに教職員の対応の共通理解（医療費や移動、滞在の費用に関すること、宿舎を出られない場合の対応等）
・目的地で体調不良の児童生徒への対応（医療費や移動、滞在の費用に関すること、保護者の迎えを求める等）
・児童生徒や教職員に感染の疑いがあるときは、教育委員会事務局に連絡

③実施後

・家庭との協力による実施後（特に14日後まで）の児童生徒の体調管理（家庭への協力）
・学校による児童生徒の体調把握

5 部活動をどう実施するか（小学校の特設クラブも同様）

休業期間が長く続いたので、体力的な面での回復を考えて段階的に実施する必要があります。横浜市では3段階に分けて実施します。暑い時期になりますので、熱中症対策も欠かせません。

また、本来部活動は生徒の主体的な取組によって行われるものです。これまで多くの部活動で見られていたような指導者主体の運営から、生徒主体の運営に切り替えていくことを望みます。その中で、指導者の負担軽減や同調圧力の消滅も期待しています。本来、生徒の健全な心身の育成のために行われる部活で苦しむ生徒や指導者を生まないことを、切に願います。

以下は横浜市の事例です。

①第一期（一カ月間）7月

活動日数は、土日祝日を含めて週3日以内、朝練習は実施しないこととし、活動時間は2時間以内、その後は完全下校とします。土日に実施する場合は、いずれか1日を活動日として、3時間以内の活動とします。なお、祝日の活動時間も3時間以内の活動とします。

②第二期（半月間）8月1日～16日

活動日数は、期間中7日以内とし、活動時間は、3時間以内の活動とします。土日に実施する場合は、いずれか1日を活動日とします。なお、学校閉庁日には原則として部活動は実施しません。（横浜では、8月3日～16日の間で学校が設定した期間）

対外試合や合同練習等については、同一区内等、近隣校との活動とします。

③第三期（通常）8月17日～

活動日数は各部、土日祝日を含めて週4日以内とします。活動時間は2時間以内として、その後は完全下校とします。土日に実施する場合は、いずれか1日を活動日として、3時間以内の活動とします。なお、祝日の活動時間も3時間以内の活動とします。対外試合や合同練習等については、同一区内等、近隣校との活動とします。

対外試合や合同練習等の学校外での活動については、第二期から実施可能です。ただし、移動時の公共交通機関や会場が三密にならないよう、参加人数を抑えるとともに、移動が長距離、長時間にならないよう、可能な限り感染拡大防止に努めます。なお、活動内容により感染予防が困難な場合は、実施を見合わせます。また、教職員や部活動指導員が引率し、衛生管理を徹底します。

6　補習指導などの外部講師をどう活用するか

文部科学省より、令和2年4月24日に「新型コロナウイルス感染症対策にかかる学校をサポートする人材確保のための『学校・子供応援サポーター人材バンク』の開設について」の通知があり、学校再開後の学校の指導体制の強化・充実のために人材バンクが開設されました。

それを受けて、横浜市では「文部科学省 学校・子供応援サポーター人材バンク」に登録されている横浜の方を紹介するシステムが整えられました。ボランティアを必要とする学校は、このデータベースから希望する人材を探し、面接して条件が合えば活動が始まります。

できるだけ学校に負担のない形で外部講師を活用するには、授業への入り込み指導や少人数の取り出し指導が望ましいと思います。また、小学校においても教科担任制を取り入れたり、チーム学年経営を取り入れて教科分担するなど考えられます。その中で、少人数指導や習熟度別指導、個別指導を計画していくことができます。

しかし、外部講師を学校がさがす場合が多く、予算が配当されても講師が見つからないことが多いのが現状です。退職教員・校長や、大学と連携することで講師をさがすことができるかもしれません。

7　子どもが充実感を持てる学校の在り方

（1）子どもに任せること

子どもが教育課程再編成の計画段階に参画し、自分たちの意見を反映させていくことです。教育の場ですから、試行錯誤の連続でしょうし、失敗を繰り返しても構いません。その経験によって、学ぶことは多いです。失敗を恐れて何もせず、大人の決めたことをこなし、言われたことを従順に行うことだけが認められるようでは子どもの充実感は得られません。

最初は、声を聞くだけでもいいでしょう。次に、いくつかの選択肢から子どもの意見を聞いて決めること、そして、子どもたちが教職員とともに考え決めること、さらに子どもたち同士で話し合って決めること、そのようにしながら子どもに任せていくことで子どもを育てていくことです。そこで培った力は、大人になってからの計画・調整・判断・実行・評価という場面で役立つことになると思います。画一的で押し付けられた教育から、多様で自発的な教育に変えていくことが子どもの充実感を生みます。これは、コロナ禍でスタートが遅れましたが、新指導要領の求める教育のあり方でもあったはずです。

コロナ禍に奪われた子どもの楽しみを取り戻し、新たな学校づくりをするために、全ての人が力を合わせなければ、持続可能な未来を創ることはできません。それくらい大変なことが起こったのですから、目に見える変化だけでなく、目に見えない変化にも注意深く目を向けて、一日も早く子どもの笑顔と楽しみを取り戻しましょう。

【参考文献】

「これからの横浜市における教育課程について」〜学校再開後の子どもたちの学びの保障に向けて〜横浜市教育委員会　令和２年５月
「横浜市立学校の教育活動の再開に関するガイドライン」横浜市教育委員会　令和２年６月25日

第4章

コロナ後、授業をどう変えるか

高階玲治　教育創造研究センター所長

1 休校中の子供は家庭学習でどう学んだか

（1）家庭での自学自習は定着したか

それはあまりにも突然のことだった。学校が休みになっただけでない。家から出てはいけないという。友達にも会えない。外での運動もできない。兄弟がいないために独りぼっちである。TV を視聴したり、ゲームで時間を過ごす。学校の勉強が心配なので学習ワークをやってみる。途中で疲れて休む。だらだらと一日が過ぎていく。

突然の休校だったが、ある教委は子供の家庭での学習機会を与えるために、休校とほぼ同時に県や文科省などが作成した学習支援コンテンツを、学校が配布した ID やパスワードを使用すればパソコンやタブレットで学習を可能にした。それは保護者の協力が必要だったが、ひとまず家庭での学習環境を整えようとした。市販の学習ワークにはタブレットでの学習が行われていて、それに馴れている子供は抵抗感があまりないであろう。また、保護者も学習ワークやドリルを購入したりして、何よりも家庭での学習習慣の維持に努めようとした。

学校も動きだしていた。特に新年度に入り教科書が配布されていて、その内容に応じたプリントがオンラインで配られて、ワークの学習が行われた。その後、家庭学習時間割表が配られ、それぞれの時間に応じた学習内容が指定され、宿題も出された。子供は「宿題」と聞けば何よりも先にそれをやりとげようとする。午前中、その宿題をこなすことに時間が費やされた。ただ、こうした試みは保護者の支援が必要だった。PC を用意する、ワークを印刷する、わからない内容にアドバイスするなど、保護者の負担は増加した。

一方、双方向のオンライン授業の試みが行われはじめ、今後の授業のあり方としても注目された。ただ、デジタル機器の活用や家庭での個別な学習は、一人ひとりの学習状況が異なっていて、最も危惧されるのは学習格差であった。

当然ながら、休業中の子供への指導はそれぞれの学校において格差がみられたであろう。テレビなどで報じられる先進的な試みは、それが限られた一部の取り組みに過ぎない。子供の学習格差は厳然として存在するであろう。そこに休校中の家庭学習の大きな課題がみられる。

ところでそうした状況にある中で、あえて今回の長期にわたる子供の家庭学習を考えると、従来からの教室で行う学習とはまったく異なる学習スタイルであった。

1つは、自学自習が常態化したことである。

① 子供が自主的に家庭にあるワークやドリルを用いて学習する。

② 教委や学校、市販のワークなどを使い、タブレットなどで学習する。

③ オンラインで学校が課題を提示し、それに基づいて子供が学習する。

④ 学校が家庭学習時間割を提示し、宿題を出す。

⑤ 双方向のオンライン学習を積極的に行う学校がみられた。

そこに新たな家庭学習のあり方と課題もまた浮かんできた。

休業中の子供の学習状況についての調査がある（熊本日日新聞5月30日）。「コロナ休校中の宿題や課題は多かったと感じましたか。少なかったと感じましたか」という熊本県内の小・中・高校生と保護者対象の調査である。回答は「多かった」51.7%、「ちょうど良かった」28.5%、「少なかった」19.8%であった。「多かった」は高校生に多く72.0%、次いで中学生45.0%。小学生と保護者はそれぞれ3割程度だった。

この調査では、宿題や課題の量を聞いているようであるが、子供の感じる難易度の差もあって学習力によって「多かった」「少なかった」という判断が生まれるであろう。

学校は宿題や課題は新教科書の単元に基づいて出題されていた。つまり、授業を受けていない学習内容から出題されていたのである。そのため、教科書の図・写真等の説明を読むとある程度子供が自力で理解し、問題に取り組むことが可能なように宿題や課題が設定されている場合が多かった。ただ、初体験のこともあって教員にどのような条件であれば子供が自学自習できるか、という考えが曖昧なまま出題される傾向もあったのではないか。

（2）コロナがもたらしたICT活用の促進

次に重要な課題として今回特筆すべきことは、休校中に学校と家庭を結ぶICT教育が盛んに行われたことである。周知のように我が国のICT教育は極めて遅れていた。それが休校中の学校などの努力で、かなり促進の機運が高まってきたといえる。

OECDのTALIS2018年調査で、「ICTを活用させる指導を頻繁に行っている中学校教員の割合」であるが、我が国は48カ国中47位で17.9%、調査国平均は51.3%であった[(1)]。

また、2019年度の全国学力・学習状況調査によると、ICT使用状況は「ほぼ毎日」が小10.4%、中7.2%、「月1回以下」は小30.8%、中35.7%である。学校格差が進んでいた。この状況を変えることが緊急の課題であった。そこで2020年度から小中学校に一人1台端末環境を目指すという文科大臣のメッセージが発表されたのは前年の12月である。

しかし、3月から全国的に休校が広まった。そこで教委や学校は子供の学力低下などを懸念して家庭向けの学習テキストをオンラインで提供した。一方、家庭で子供がICTを活用し始めた実態は端末機器活用の日常化が進んで、今後の学校における活用がスムーズになるのではないか。さらに遠隔教育への道も開ける。最近はデジタルシフトがかなり進んでいて多様な形で家庭に入り込んでくる。文科省も家庭学習のICT化を推奨しはじめている。

ただ、家庭でのデジタル機器の活用度の差が大きく、また学校のICT対応への格差などがあって、学習の多様化とともに子供のICT教育格差が全国的に起きる懸念がある。

その解決は全国すべての学校の開校以後に受け継がれる課題である。当然ながらICT教育をスムーズに実施できる教員の指導力向上が何よりも重要である。今後ICT教育によって授業がどう変わるか期待される。

2　学校再開後の授業とコロナ対策

(1) 学校再開〜多くの課題との遭遇

5月、6月と学校は再開したが、正常とは言えない授業が続いた。文科省は3月下旬に学校再開に向けたガイドラインを公表したが、それは「換気の悪い密閉空間」「人の密集」「近距離での会話」の3条件が重なる場の徹底的な回避であった。学校は最も3密になりやすい。

① 学級を2つに分けて登校させるため日常の指導が十分にできない。
② 午前・午後登校、日替わり登校など、授業時間が一定でない。
③ ソーシャルディスタンスを実施するためグループ活動ができない。
④ 体育ではマスクをして行う場合、息の上がる活動は避ける。
⑤ 理科の実験や家庭科の調理実習、音楽では合唱などが難しい。
⑥ 一斉形式の授業が多く、平板な学習展開になる。
⑦ 何よりも授業内容を正規に指導できる授業時間が足りない。

極めて不自由な状況での学校再開である。

教師の職務遂行もまた極めて難しい。

① 分散・時差通学に応じて検温・マスクの確認、手洗いの履行指導。
② 登校不安の子供への対応、休校中のストレスフル状況の解消。リフレッシュのための活動の工夫。
③ 教室の換気、消毒。机の配置。清掃などへの配慮。
④ 授業内容の工夫。授業時間に制約があるため、単元の学び方を指導し、家庭学習につなげる。
⑤ 分散・時差通学は家庭にいる時間が長くなるのでオンライン学習での指導を実施。普通授業になっても継続。
⑥ 週の時間割表の見直し。年間指導計画の見直し・修正。しかし、授業時間不足は解消しない。

このような多くの課題を抱えながらの毎日である。

(2) 小6・中3の卒業学年は厳しい現実

2021度の9月入学が見送りになって、今年度の残った期間での各学年の履修を行うことになった。しかし、３密を防ぐ分散登校が長引くなど学年の完全履修は無理で、次年度への繰り越しがやむを得ない事態となる。ただ、次年度はその学年の履修内容で精一杯であるから、次々年度まで繰り越しを認めようと文科省は指針を示している。年間指導計画を絶えず見直すことが必要になる。

だが、最も影響を受けるのは、当然ながら小６・中３の卒業学年である。次年度への繰り越しはない。残った期間で完全履修が可能か、極めて難しい事態を迎えることになる。

そこでどうするか。基本はその学年のみに対策を任せるのではなく、特別に新たな指導体制を発足させることである。

① ３密を防ぐ学級分散の場合などは特に教科（学級）担任以外に指導教員を増員する。例えば、専科教員、少人数指導教員、学習指導員、サポート・スタッフなどである。授業を担うことはなくとも、周辺の多様な職務を協働化することが必要である。

② 今後実施できる授業時数を把握する。当然不足する。そこで必要とされる授業時数を割り出して、この学年のみの特別な授業時数を増加させる手立てを考える。長期休業日の縮減、土曜日授業があるが、教委の方針に基づいて授業時数を算出する。なお不足と考えられるので週の何日かを７時間授業にする。その他、必要であれば卒業学年のみの授業時間を設定する。

③ 家庭学習を重視し、授業との連携を効果的に進める。学校の授業のみでは間に合わない。子供にも授業時数不足を自覚させ、家庭学習を重視し、授業との連携を効果的に進める。授業が正常に戻れば「主体的・対話的で深い学び」の単元構成が可能になるが、その場合でも個別的な学習が可能な内容は家庭学習で行うなど、教材の効果的な活用を図る。「こうすれば学習できる」という学び方を指導する。自学自習できる子供を育てる。

④ 授業や家庭学習での学びを含めて個々の学習状況を把握し、履修の程度を確認する。年間指導計画を絶えず見直し、適切で柔軟な指導

を積み重ねる。なお授業時間不足は、とかく教師の主導的な指導に陥りやすいが、子供の主体的な学びが可能になるように留意する。

⑤ 特に毎日の学習がきつくなりやすいことから子供の「心のケア」が必要になる。発散できる楽しい学習活動が必要で、学校行事など創意工夫が大切になる。卒業学年にとって伝統的に重視している学校行事、例えば修学旅行や文化祭・体育祭などは可能な限り実施する。日常の授業などで窮屈な毎日を送っている状況であるから、心豊かになる何らかの活動を生み出す。

今年度は学校として未曽有な事態であるにしても、卒業学年には6年なり、3年なりの確かな学びの力を身につけて送りだしたいと願うであろう。そのための学校や教員の努力が実るような活動を考える。「よい思い出」を残す最終学年を有意義に過ごさせたい。

(3) コロナ第2波・第3波への備えは

今回の休業日の増加は授業時数不足という、教員にとって極めて指導の難しい対応を迫られている。そのため単元展開を工夫し、時数縮減を行っても、なお指導の不満は残るであろう。

また今後、コロナ第2波、第3波はいつ襲ってくるかわからない。その対策も必要である。その波の大きさは、再び休校になるのか、その程度はわからないが、学校の再開中に国・文科省やコロナ対策専門家から必要な対策が示されるのではないか。

実は極めて注目される記事が朝日新聞（2020年6月2日朝刊）に載った。「新型コロナ　子供の重症化なぜ少ない」という記事である。

「これまでの報告では、新型コロナウイルスに感染する子供は少なく、感染しても重症化する例はまれ」と述べている。

例えば、中国、アメリカ、イタリアの調査では感染が確認された人のうち18歳未満は2％以下。感染しても9割以上が無症状か軽症だった。ヨーロッパは4月半ばから小学校を限定再開しているが、学校を介した感染の徴候はみられないという。ただ、なぜ子供はコロナに強いのかわからない。今後の科学的な検証が必要である。

もしも、コロナ第2波の前に「子供は重症化しにくい」という結果が示されれば、一斉休校が必要か、また学校の対応をどうするか、改めて考え直す必要があると言える。

3 アクティブ・ラーニングの定着を目指す

(1) アクティブ・ラーニングを再確認する

2020年は新学習指導要領に基づく新たな学習がスタートするはずだった。それがコロナ禍によって休校となり、開校後も通常の授業からは遠い不自由な学習活動が続いた。授業内容を確保するため、新学習指導要領の理念がとかく希薄になりやすかった。

しかし、新たな教育理念が消滅したわけではない。むしろ、この契機に今までにない新たな教育実現を目指す考えがみられる。何よりも学校教育の基本を確認したい。

2014年に新たな教育実現のために中央教育審議会に『諮問』された内容に新たに「アクティブ・ラーニング（AL)」の言葉が提示された。

今は「主体的・対話的で深い学び」が言われているが、ALこそは基盤である。アクティブとは単に「活動」のみを意味しない。真の意味は学習課題に子供それぞれが自ら積極的に取り組むことを意図している。自ら考え、自ら学ぶという能動的な意味あいである。

子供がアクティブになることで何を目指すか。

① 知識及び技能が習得されるようにすること。

② 思考力、判断力、表現力等を育成すること。

③ 学びに向かう力、人間性を涵養すること。

これらを獲得するために、「主体的・対話的で深い学び」の基本的な学びのスタイルがある。

① 習得・活用・探究という学習プロセスの中で、問題発見・解決を念頭においた深い学びの過程が実現できている。

② 他者との協働や外界との相互作用を通じて、自らの考えを広げ深め

図　アクティブ・ラーニングの構造

アクティブ・ラーニングの構造		
どのように社会・世界と関わり、よりよい人生を送るか（学びに向かう力、人間性等）		
対話的な学び 他者との協働 外界との相互作用 ⇕ 習得・活用・探求のプロセス 問題発見・解決志向 主体的な学び → 深い学び 見通しを持って粘り強く取り組む ⇕ 自分の学習活動を振り返り、次につなげる		
何を知っているか、何ができるか（個別の知識・技能）	→	知っていること・できることをどう使うか（思考力・判断力・表現力等）

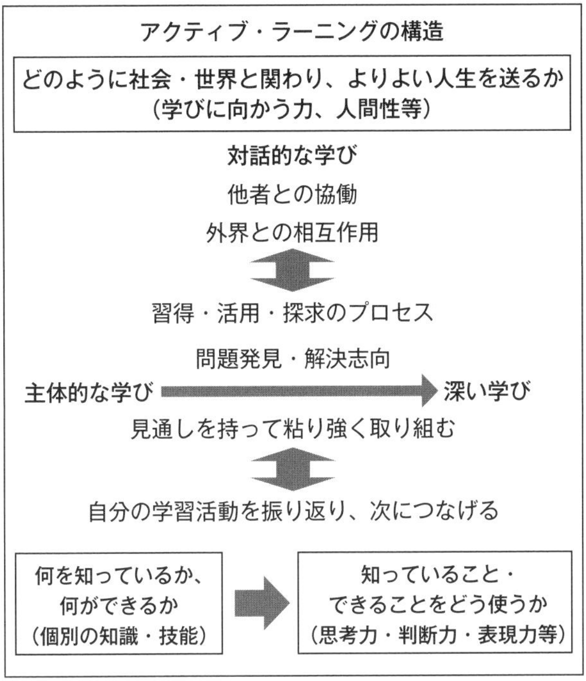

る対話的学びができている。

③ 子供たちが見通しを持って粘り強く取り組み、自らの学習活動を振り返って次につなげる、主体的な学びの過程が実現できている。

さらに中教審が当初から示した基本的な学びの獲得、つまり「何を知っているか（個別の知識・技能）」「知っていること・できることをどう使うか（思考力・判断力・表現力等）」「どのように社会・世界と関わり、よりよい人生を送るか（学びに向かう力、人間性等）」である。それを構造的に示すと上の図のようになる。授業の基本である。

（２）　自己効力感の低い教師の姿勢を変える

学校の現状はコロナ禍によって開校後も必要な学習内容を取り戻すのに多大な困難を抱えている。

そこで新たにアクティブ・ラーニングに基づく授業の展開を考える必要

があるが、実のところ我が国の教師にかなり厳しい指摘がみられる。
それはアクティブとは真逆な、自己効力感の低い日本の教師の実態である。OECD の TALIS2018調査には我が国の教師の弱点が浮き彫りになっている[(2)]。
それによると、「児童生徒が学習の価値をみいだせるよう手助けをする」は日本の小学校41.4%、中学校33.9%で、調査国平均（この場合は中学校。小学校の平均はない）82.8%に比べてかなり低い。「勉強にあまり関心を示さない児童生徒に動機付けをする」は、日本の小学校41.2%、中学校30.5%で調査国平均72.0%よりもかなり低い。
さらに「児童生徒に勉強ができると自信を持たせる」は日本の小学校34.7%、中学校24.1%で調査国平均は86.3%である。
何よりもこうした調査結果に注目したい。これらの項目は子供の学習にとって基本的なことである。アクティブ・ラーニングが言われ、子供の主体的な学習活動が重視されている現状で、日本の結果はあまりにも低過ぎないか。何よりも、この現状を変えたい。
この調査には、中学校が2013年に実施した結果が示されているが、それをみると2018年調査では10%前後の改善傾向がみられる。今後、新学習指導要領の完全実施によって飛躍的な改善を目指したい。

4 教師のカリキュラム・マネジメント力を高める

今後、授業時数が制約される中で、子供のアクティブ・ラーニングをどう積み上げていくか。何よりも「主体的・対話的で深い学び」を実現するために、勉強に関心を持ち、喜んで学習し、自信を持って学習課題に取り組む子供を育てたい。
そこで重視したいのが、教師のカリキュラム・マネジメント（CM）である。CM は、学校の教育課程編成や年間指導計画としてある。それを「ハード CM」と呼びたい。教員はその CM に基づくが、基本的には個々の裁量で単元を展開する。それを「ソフト CM」として区別したい。

その「ハード CM」は、今年度の場合、授業時数の制約があって4月当初の計画は成り立たない。多くは6月以降となるが、週内の7時間授業や長期休業日の短縮、土曜日授業を実施しても、年度途中での見直しは避けられない。

そのような制約の中で教員個々は決められた単元に基づく授業を展開する。その単元展開は個々の教員の裁量が大きく、「ソフト CM」として適切・柔軟に対応できる。重視したいのは教員個々が進める単元構成としての CM である。よく「授業で勝負」と言われるが、教員の単元構成力こそ重視すべきである。

特に授業時数が制約されている場合、その単元で重視すべき「ねらい」は何か、そのために単元の学習過程のどこで「習得」「活用」「探究」のそれぞれが効果的に実施できるか、を考える。授業は「ソフト CM」に基づいてその時間を適切に実施する。

よく教科書カリキュラムをそのまま単元構成にしている例があるが、それはやめたい。むしろ、教科書で示す時数を1～2割縮減して CM ができないか考える。ムダ・ムラ・ムリを排除する。教員は「ソフト CM」に強くなるべきである。それが教師の「CM 力」である。

「ソフト CM」では、単元全体を通して子供のアクティブ・ラーニングを重視する。そのためには、子供の自主的な学びを大切にして、単なる復習的な宿題を与えるのではなく、明日の授業にチャレンジする予習的な学びを家庭で学習する機運を育てることが大切である。

教員主導の授業は子供を受け身にするが、例えば予習を課す「反転学習」のようなやり方は、子供を主体的にし、学習の理解や定着もまた深まるのである。

5　自ら学ぶ子供を育てる

今回、子供にとって大きな学習の課題は、少なくなった学習時間内に当該学年の学習内容を履修しなければならない、という現状の認識である。

それは学校の授業のみに頼らず、自ら新しい課題にチャレンジする態度がなければ達成が難しいことの認識が必要である。

その自覚を学年・学級で共有することを教える。

その結果、子供はどうすべきか、を考える。

ただ、そのためには子供個々が学習課題に取り組めるための事前の指導が大切である。年間の授業時数は限られていて学習内容のすべての指導は難しい。そこで単元についての自学自習のやり方を教える。実は、新しい教科書に、教科書の使い方、学習の仕方を示している例がある。

基本的には学習・生活習慣が大切であるが、それぞれの教科固有の学び方がある。その学び方は自学自習を可能にするやり方が含まれている。小学校１年生でも可能な学習がある。つまり、自分でできる範囲で学習のやり方を身につける。負担過重にならないように留意し、「自分でできることでよい」として、すべてを実施することを強制しない。

また、極めて大切なことは子供の自学自習について「ほめる」「認める」「励ます」「アドバイスする」などの言葉かけをすることである。

子供が、通常の場合でも自学自習を可能にする条件はシンプルに言えば次の４つである。

① 勉強する「めあて」がわかる

② 勉強する「内容」がある

③ 勉強する「やり方」がわかる

④ 勉強する「時間」と「場」がある。

休校中、④の「時間」だけは十分過ぎた。あとの３つの条件をどう満たすか、が課題であった。この条件は、これからの授業展開や子供の自学自習において重要なカギとなる。

ある調査によれば「上手な勉強の仕方がわからない」という中・高校生は６割以上もみられた。小学生は３割であった。つまり、日常的に授業は行っているがよい勉強の仕方までは教えていない、という実態がみられる。

ただ、宿題や市販のワークを４つの条件で学べるというだけでは十分ではない。自ら学ぶとは、学習の対象に対峙したとき、そこに自らの力で課題を見いだし、追究する姿勢である。例えば、予習を重視したい。まだ習っていないがチャレンジし、自分の力で解いてみようと努力する。解けなくとも、チャレンジすることで授業がほんとうによくわかるのである。深い学びにつながると言える。

この機会に、どのようにすれば子供が自主的に学ぶことができるようになるか、指導を強めたい。実のところ自学自習は深い意味があって、例えば「学びに向かう力」の獲得の基本は自ら主体的に学ぶ意志が重要である。「こうすれば学習できる」という学び方の獲得は、子供が未知な課題にチャレンジできる素地を養うことを可能にする。その意味で「学びに向かう力」は未来形ではなく、今まさに必要とする力である。

ただ、どのように教員や子供が努力しても一定の授業時間が確保されなければ理解促進できない場合は当然ある。残りの期間でどう取り組めるか、大きな課題である。

6　子供がよりよく学ぶために

（1）学力と非認知能力の統合した力を伸ばす

2020年以後の教育は大きく変わろうとしている。これまでは主に「学力」をどう高めるかが重視された。その考え方が変わり始めた。学力は依然として重要だが、それに加えてテストでは測定できないが、将来生きる力として重要な意味を持つ「非認知能力」が重視されている。非認知能力とは多様な広がりを持つが、例えば、自己肯定感、創造性、メタ認知、意欲、忍耐力、コミュニケーション力、自制心、などである。

非認知能力の指導は、具体的に見えるとは限らないので指導は難しいと考えられているが、子供の持つ自然な「問い」や「好奇心」、「知の獲得の喜び」「創造的な行為」など、日常にも素地がたくさんある。そうした子供の活動を大切にし、豊かに育てることが重要である。

コロナ禍によって授業時数が不足することで、学習内容の指導に偏りがちになるが、何よりも子供が主体的に学習に取り組む自己発現の姿勢を重視したい。

それは、学ぶ課題・対象に興味・関心を持ち、楽しく学習を進めたり、時には学ぶ対象に、疑問、批判を持ったり、ねばり強く追究したりする。

例えば自ら課題を見いだし、その解決にチャレンジする子供は、その学習経験を体得することによって将来的に課題に遭遇したときに多様な方法を駆使して解決しようと努力するようになる。

2018年、文科省は将来に向けて『Society5.0に向けた人材育成〜社会が変わる、学校が変わる』を公表した。近未来の新たな社会はAI（人工知能）が多様な形で出現し、学校教育もまた大きく変わる。

そうした時代に求められる人材は、「知識・技能、思考力・判断力・表現力などをベースにして、言葉や文化、時間や場所を超えながらも自己の主体性を軸にした学びに向かう一人ひとりの能力や人間力が問われるようになる」として、その共通して求められる力を３つあげている。

① 文章や情報を正確に読み解き、対話する力

② 科学的に思考・吟味する力

③ 価値を見つけ生み出す感性と力、好奇心、探究心、である。

こうした「力」を子供個々に身につけること、それが未来に生きるために必要である。これら３つはどれも重要だが、見落としがちなのは③である。特に「価値を見つけ生み出す感性と力」をどう指導するか。

これまでの教育は、知識の量が極めて重要だった。だがこれからは「知識」をAIが代替してくれる。むしろ、人間は感性を働かし、AIを活用しながら豊かな人生を送れる社会を実現する。そのための非認知的能力の形成は極めて重要になるのである。

（2）レジリエンスを身につける

最近、レジリエンスの言葉が目につくようになった。「立ち直る力」や「回復力」である。人生において失敗や不遇は多様にみられる。人々はそこから這い上がろうと努力し、新しい人生を切り開く。

最近、例えば「いじめ」や「ゲーム依存」から抜け出せず、落ち込んだまま這い上がるのが困難な状況に落ち込んでいる子供をみかける。また、

勉強不足で「授業についていけない」と周囲が嘆く子供もいる。

何らかの形で落ち込んだまま這い上がることができない子供へどう対応するか。こうした子供は自力解決が難しく、教師や保護者の支援が必要である。本人の努力を待ちながら徐々に変えていく。

① 自分のしていることを立ち止まって考える勇気をもてる

② 周囲の支援を拒まず受入れられる態度がある

③ 生活態度を切り替える、習慣を変えるために努力する

④ 自分の「よさ」を素直に認め、高めようとする

⑤ より高い目標に向かって意欲的に励もうとする

ところでレジリエンスは、失敗などから立ち直る力や回復力のように考えられるが、「やる気」の高い子供にも当てはまると、OECD のシュライヒヤ―局長が調査結果から次のように述べている(3)。

「PISA によると、最もやる気がある生徒は、最もやる気のない生徒に比べて平均して1学年以上も先に学んだ生徒と同じくらい高い得点を得ている。人生に対する高い満足度を示す生徒のレジリエンスはより大きく、学習上の課題に直面してより粘り強くなる。」

子供個々について、例えば、やり抜く力、自己肯定感、メタ認知などと関連させながら、子供の「やり気」を高めることが大切である。教師や保護者が支援し続けることで、本人自身がレジリエンスを身につけるように努力する。その意味で、教師や保護者の支援のあり方が極めて重要なのである。

【注】

（1）OECD『第3回国際教員指導環境調査2019』

（2）同上　第2次報告

（3）アンドレアス・シュライヒヤ―『教育のワールドクラス』明石書店2019

第5章

コロナ後の子供の学びの評価をどう進めるか

— e- ポートフォリオ評価の時代—

佐藤　真 関西学院大学教授

1　子供の学びの何を評価するのか（資質・能力の三つの柱）

今次学習指導要領は、「社会に開かれた教育課程」を基本的な理念とし、これまでのコンテンツ（学習内容）重視カリキュラムから、コンピテンシー（資質・能力）重視カリキュラムへと転換された。

その上で、（1）何を理解しているか、何ができるか（生きて働く「知識・技能」の習得)、（2）理解していること・できることをどう使うのか(未知の状況にも対応できる「思考力・判断力・表現力等」の育成)、（3）どのように社会・世界と関わり、よりよい人生を送るのか（学びを人生や社会に生かそうとする「学びに向かう力・人間性等」の涵養）という、資質・能力の三つの柱も示された。

この資質・能力が、どのように子供に身に付けられているのかを問うことは、With コロナや Post コロナ時代の評価においても変わらない。

2　子供の学びを何で評価するのか（e-ポートフォリオ評価）

With コロナや Post コロナ時代の対面ではないオンライン授業や、オフラインとオンラインを併用する授業が、今後の授業の「新しい状態(New Normal)」である。そこでは、主として「e-ポートフォリオ（electronic portfolio)」によって子供の学びを評価することが基本となる。ポートフォリオ（portfolio）とは、「書類綴じ込みケース（flat case for keeping loose papers, documents, drawings, etc.)」である。実際の授業において、子供が表した文章や絵、創作物等のあらゆる作品（work）を蓄積し保管することを意味する言葉である。それを電子化したもので、タブレットやパソコン等を活用して蓄積し保管したものが、e-ポートフォリオである。そして、これを活用した評価が「e-ポートフォリオ評価」である。

e-ポートフォリオ評価は、子供が振り返ることで、With コロナや Post コロナ時代の子供の自己教育力の基盤となる自己評価能力を育むものとして重要である。大切なことは、評価すべき e-ポートフォリオを作る時に、単なる作品の収集にするのではなく、子供による学習の改善と向上のための作業とすることである。教師は、一方的に子供まかせにせず子供に寄り添い、とりわけWithコロナのために教師や友達と対面できず、自学自習という名の下で孤独な学びを強いられている現状では、小学校低学年の子供はもちろんすべての子供に共感的理解によって評価を行うことである。したがって、e-ポートフォリオの作成の過程は、教師と子供はお互いに「学びの同行者」として積極的に対話（コミュニケーション）を行いながら、e-ポートフォリオを作っていくことが重要である。

教師は、このような子供とともにe-ポートフォリオに作品を集積しながら対話（コミュニケーション）をする過程で、子供の学びの状況を観察し、把握し、理解し、解釈し、洞察し、省察することとなり、真に共感的な評価とすることである。また、それを生かして子供の学びを受容したり、改善したり、促進したり、制御したり、教授したり、援助したりする指導も可能になる。これこそが、WithコロナやPostコロナ時代の「指導と評価の一体化」である。このように、知識の習得を評価するペーパーテストに類するオンラインでの単純な評価も含めてe-ポートフォリオに子供の作品を集積しながら、これまでのオフライン授業以上に多面的・多角的な評価を行っていくことが、WithコロナやPostコロナ時代の評価である。

したがって、WithコロナやPostコロナ時代であるからといって、教師が一方的に課題を出し、それを黙々と子供に回答させ、子供の学びのすべてを習得・習熟一辺倒とした一斉画一的な詰め込みによるオンライン授業での評価に陥ることだけは避けるべきである。

できれば、探究学習を中核として真正な学習（Authentic Learning）というような、本物の文脈や状況での学びに、主体的・探究的・問題解決的に取り組むことによって、既習を系統的に生かしつつ子供一人一人の有する知識や経験を発揮し、より深い意味理解に到達したり学びの価値を実感したりする学びを実施することである。

その場合、e-ポートフォリオ評価もオーセンティック（真正な）評価として、当該の知識や技能の活用を図るリアルで本質的な課題に対して、人文科学的な記録・レポート・解説文・論文等、社会科学的なアンケート・参与観察の記録等、自然科学的な観察記録・実験記録・測定記録等、身体科学的なダンス・演劇の映像等、芸術的な絵画・彫刻の画像や演奏の映像等、これらによって実際の運用場面（ステージ）を設定し、具体的な評価として実施することである。特に、筆記と実演を組み合わせた探究（プロジェクト）学習を通じて評価を行うことを重視したい。さらに、スピーチやプレゼンテーション、実験などの実演（プロセス）等の画像や映像も、e-ポートフォリオ評価として活用したい。

3 子供の学びをどのように評価するのか（ルーブリックの設定）

このようなe-ポートフォリオ評価によって、子供の学びの質的な面も評価するには、学習目標との関係において求められる達成事項の質的な内容を文章表現した「ルーブリック（rubric、評価指標）」が必要である。これは、子供の学習の達成状況を評価する時に使用される評価の基準である。一般には、子供の学習状況を評価する質的な拠りどころである評価規準（criterion）と、その状況を判定するための量的な尺度の拠りどころである評価基準（standard）とである。さらに、子供の学習の状況度合いを示す数段階の尺度それぞれに見られる学習の質的な特徴を示した記述語や学習作品から構成される。

このルーブリックがなければ、e-ポートフォリオ評価に集積された作品のうち、客観的に評価できるペーパーテスト以外のレポートや画像・映像も含めた作品の評価は、教師の曖昧な感想や思い込みによる妥当性のない評価になってしまうのである。例えば、「2桁×1桁の計算ができる」という評価の判断は、個々の教師によって異なる。それは、到達しているのかどうかを判断するには、どの程度解けるようになったのかというレベルまで具体化して規定しなければ、評価は教師によって違ってしまうからである。「2桁×1桁の計算ができる」ならば、その問題を20問作成し、その70％以上が解ければ「A：十分満足できる」と判断するという具合に作成することが必要である。ここでは、「２桁×１桁の計算ができる」というのが評価規準であり、「70％以上解ける」というのが評価基準となる。

しかし、このような量的な評価基準ではない、「思考・判断・表現」などの高次の評価を質的に把握し評価するのには、やはりルーブリックが必要である。例えば、レポートを評価する場合、量的に評価することは難しい。そこでは、数段階による特徴的な記述を示した記述語による評価基準を作成することが必要である。したがって、e-ポートフォリオの作品の一つとしてあるレポートを評価する場合、「５．素晴らしい」、「４．良い」、「３．普通」、「２．あと一歩」、「１．努力が必要」、「０．記述なし」などの段階と各段階の特徴的な記述によって評価する。特徴的な記述とは、例えば問題の所在、研究の目的、研究の方法、論の展開、小題の付け方、整理の仕方、総括の仕方、新たな課題等である。

なお、ルーブリックを設定していれば、C（努力を要する）の子供への指導として、研究の目的が曖昧な子供には「目的をさらに焦点化すること」などと、指導の手立てが明確になり役立つことになる。このように、e-ポートフォリオ評価は、ルーブリックの設定と教師の鑑識眼とも言うべき評価力量（見取り評価能力）が肝要である。

4　子供の学びを評価するための観点（観点別評価の３観点）

（１）「知識・技能」

「知識・技能」の評価は、各教科等における学習の過程を通して個別の知識及び技能の習得状況について評価を行うこととともに、それらを既有の知識及び技能と関連付けたり活用したりする中で他の学習や生活の場面でも活用できる程度に概念等を理解したり技能を習得したりしているのかを評価するものである。

新しい知識が既得の知識と関係づけられて構造化されたり、知識と経験が結びつくことで身体化されたりすることにより、様々な場面で活用できるものとして構造化され転移可能で汎用性のある概念が獲得される。そのためには、学習過程において試行錯誤をすることなどを含む意味のある活動に関わる学びによって、概念の意味的関連性を生起させることが必要である。そして、個々の概念が連結されて、さらなる階層的なネットワークが構成されることが重要である。

（2）「思考・判断・表現」

「思考・判断・表現」の評価は、子供が「知識及び技能」を活用して、課題を解決する等のために必要な「思考力、判断力、表現力」等を身に付けているのかを評価するものである。「思考・判断・表現」における「思考・判断」に続く「表現」とは、言語活動を中心とした表現に係る活動や作品等を通じて行うことであり、単に文章や図表に整理し記録する表面的なテクニカルなことを評価するのではない。すなわち、基礎的・基本的な知識・技能を活用し、各教科の内容等に即して思考・判断したことを、記録、要約、説明、論述、討論といった言語活動等の表現を通じて評価するものである。

いま、今次学習指導要領で求められている「主体的・対話的で深い学び」による授業改善を指向し、なにがしかのツールや付箋紙、カードやホワイト・ボード等のツールを使用する学習が見受けられる。また、現在のWith コロナのオンライン授業でも、これらのツールを使用する学習をデバイスによって行っている学校も見られる。

しかしながら、なにがしかのツールや付箋紙、カードやホワイト・ボード等のツールを使用することが目的化されては無意味である。そうではなくて、子供が比較、分類、類型、類推、想定、関連付け等々の「認知スキル」を身に付けながら学ぶことが重要である。アクティブ・ラーニングによる授業の要諦は、「アクティブ・シンキング」である。このことからも、「考えるための技法」を活用し「思考・判断・表現」を確実に評価できる学習過程を構築すべきである。

「考えるための技法」とは、文部科学省『学習指導要領解説、総合的な学習の時間』に示されている、考える際に必要になる情報の処理方法である。具体的には、以下の通りである。順序付ける（複数の対象について、ある視点や条件に沿って対象を並び替える)。比較する(複数の対象について、ある視点から共通点や相違点を明らかにする)。分類する(複数の対象について、ある視点から共通点のあるもの同士をまとめる)。関連付ける(複数の対象がどのような関係にあるかを見付ける。ある対象に関係するものを見付けて増やしていく)。多面的に見る・多角的に見る(対象のもつ複数の性質に着目したり、対象を異なる複数の角度から捉えたりする)。理由付ける・原因や根拠を見付ける(対象の理由や原因、根拠を見付けたり予想したりする)。見通す・結果を予想する(見通しを立てる。物事の結果を予想する)。具体化する・個別化する・分解する(対象に関する上位概念・規則に当てはまる具体例を挙げたり、対象を構成する下位概念や要素に分けたりする)。抽象化する・一般化する・統合する(対象に関する上位概念や法則を挙げたり、複数の対象を一つにまとめたりする)。構造化する(考えを構造的、網構造・層構造などに整理する)、である。

(３)「主体的に学習に取り組む態度」

これまでのオフライン授業でも、With コロナや Post コロナ時代のオンライン授業でも、この「主体的に学習に取り組む態度」は最重要である。「主体的に学習に取り組む態度」の評価は、自己の感情及び行動を統制する能力や自らの思考の過程等を客観的に捉える力などのメタ認知を重視し、子供が学習を行う過程において自分の学びを自己調整する機能を発揮していることを評価するものである。

したがって、子供が「知識及び技能」を獲得したり、「思考・判断・表現」等を身に付けたりするために、自らの学習状況をモニタリングし、自分の学びの進め方について試行錯誤したり自己調整したりするなど、学びの自己調整を図って、より良く学ぼうとしているのかという意思的な側面を評価するのである。「主体的に学習に取り組む態度」の評価は、まずは「知識及び技能」を獲得したり「思考・判断・表現」等を身に付けたりすることに向けて粘り強い取組を行おうとしているかという意思的な側面を評価すること、次に、その粘り強い取組が自らの学習の自己調整を行いながら、より良く学ぼうとするために行われているのかを評価することで十全な学習評価となる。

すなわち、「粘り強い取組」を行おうとする意思的な側面と、「自己調整」を行いながらより良く学ぼうとする意思的な側面との2つの側面によって評価するのである。

5 子供の学びを促進する評価（アプリシエーション評価）

With コロナや Post コロナ時代のオンライン授業では、「子供の学びを止めない」「子供の学びを促進する」ための評価が重要である。それは、どうしてもオンライン授業では、教師や学校側からの一方的な課題の提示とそれを子供が必死に解答するという、子供が懸命に応じるだけの受動的な学びに陥りやすいからである。このような受け身的な学びでは、「子供の学び続ける力」が萎縮し、子供は学びから遠ざかってしまう。いまこそ、「子供が攻める学び」「子供がのめり込む学び」「子供が夢中になる学び」「子供が没頭する学び」を展開し、「子供の活力ある学ぶ力」を評価することが肝要である。

したがって、子供自らが、学習の目標を持ち、進め方を見直しながら学習を進め、その学習の過程を自己評価し、新たな学習にさらにつなげる学び。そして、子供が学習に関する自己調整を行い、粘り強く知識・技能を獲得したり、思考・判断・表現しようとしたりしているのかどうかという意思的な側面を捉えて評価することである。

このような「自己調整学習」は、子供に任せきりでは不可能である。小学校低学年から発達段階に応じて順次、学習の目標を立てて学習の方法を考えるという計画段階では、目標設定や方略選択。学習を展開するという実践段階では、自己学習や自己モニタリング。学習を評価するという評価段階では自己評価。それぞれの段階で、教師のきめ細かな指導が最初は必要である。それを繰り返すことによってはじめて、自己調整学習は子供に身体化し、常に自らの学びに展望をもち、そして省察によって深く思考する子供の育成に結びつくのである。

ここでの評価は、授業過程における評価、また学習過程の中での評価である形成的評価（Formative Assessment）として、学びのプロダクトだけではなくプロセスを重視することである。そして、「子供を伸ばそうとする評価（評定ではなく）」として、コミュニケーションを重視した「インタラクティブ・アセスメント（対話型評価）」を充実させる必要がある。その場合、認知能力とともに非認知能力を重視し、自己肯定感をもって前を向いて学び続ける「活力ある学力」を評価することである。

すなわち、With コロナや Post コロナ時代の評価は、フィードバックのみならずフィードフォワードも含め、「子供の真価を認め、励ます」という評価である「アプリシエーション（appreciation）」評価を実施することが重要である。それは、評価は子供の学習が促進されるように機能すべきものだからである。With コロナや Post コロナ時代だからといって、評価によって子供の学習が停滞や低落などしては、教育としての評価の意味はない。

子供が粘り強く継続して探究し続け、その過程で自己の探究を自覚的に捉え自己調整をしていくという、自己学習能力の根幹にある自己評価能力の形成こそが重要である。ただし、すべての子供が自然と探究に自覚的になり、自己評価能力が育まれることは難しい。だからこそ、教師だけで見取り評価するだけではなく、Zoom や Teams で学習に参画しているすべての人が、「子供の真価を認め、励ます」アプリシエーション評価をすることが肝要なのである。

【参考・引用文献】

佐藤真「連続講座・新しい評価がわかる12章」『学校教育・実践ライブラリ』ぎょうせい、2019年５月-2000年４月（12回連載）。

第6章

学校の働き方改革は
どう変わるか

妹尾昌俊　教育研究家、学校・行政向けアドバイザー

1　相変わらず、ビルド＆ビルド

はじめに、少し学校から離れた話を。ある外科医がいました。Ａさんは腕がいいと評判で難易度の高い手術をたくさん経験しています。最近は近隣病院からも頼まれることが増え、仕事が増えました。ここ２～３週間は眠れても１日４、５時間。しかも学会発表も控えていて、夜や週末も気が抜けない日々です。患者さんのためなら、と今日もオペに臨んだ矢先のこと、眠気のせいでしょうか、信じられないミスをしてしまい、大きな事故になってしまいました。

これは架空のたとえ話なのですが近いことは起きています。いまの学校もＡ医師と似た状況にあるのではないでしょうか。

教師はよく医師の仕事にたとえられることがあります。両方とも命を預かる仕事という側面もありますし、専門性が必要です。免許制です。しかも、この日本社会では両者とも過重労働ぎみであることがわかっています（とりわけ開業医よりも勤務医の場合）。

コロナ禍のなかでは、世界中の医師やスタッフが本当に奮闘しました。そして、コロナ後（with/after コロナ）は、各地の教師がたいへん頑張ってくれています。

これはありがたいことではありますが、いくら、患者のため、児童生徒のため、社会のためだからといって、働く人に無理をさせ続けるとすれば、持続可能ではありません。ミスや事故が起きてしまう可能性もあります。

本題の学校教育に目を転じると、コロナ後は、コロナ前のような忙しい日々に戻っている人も多いようです。むしろ、事態はコロナ前より悪化している側面もあります。

勤務時間の前にもかかわらず、当然のことのように、児童生徒の登校を迎え、検温チェック等を行う学校もあります。休校中の遅れを取り戻したいという焦りからか、１日に７時間目まで授業を組んだり、土曜授業を増やしたり、夏休みを大幅に短縮したりしている学校も少なくありません。給食や子どもの休み時間中も３密にならないか、心配なので、担任の先生らは気が抜けません。教職員の休憩時間など無視です（コロナ前からの問題でしたが）。

そして、こまめな消毒や清掃作業、教育委員会には“感染症対策やってますよ”の報告書類の数々。それでいて、コロナが落ち着いてきたと思えば、部活動もハードに行われています。進路指導もたいへんです。とりわけ高校では、就職が厳しくなっていたり、大学入試でさまざまな混乱や遅れを取り戻さんとする動きに巻き込まれたりしている生徒も教師も多いことでしょう。

もちろん、こうした業務のうち、重要な仕事も、必要なこともたくさんあることでしょう。しかし、児童生徒のためだからと、どんどん、学校のやることと教師がやることを増やし続けていて、大丈夫でしょうか。

A医師のように、大きな見落とし、たとえば、いじめに苦しむ子どものSOSのキャッチができなくなることなどが起きても不思議ではありません[(1)]。コロナ前の働き方改革の動きはどこかに行ってしまったのでしょうか。

2　仕事に追われてゆとりがない先生が大半

学校再開後の先生たちのことが心配で、わたしは独自に教師向けにアンケート調査を行いました。インターネット上で呼びかけて収集したものなので、回答者が偏っている可能性などはありますが、ひとつの参考になればと思います（2020年6月に実施、有効回答数は749件）。

学校再開後の悩みを聞いたところ、「授業の準備をする時間が足りない」、「仕事に追われて生活のゆとりがない」という先生は、公立小中学校では約8割、公立高校でも7割近くに上りました（次ページグラフ）。やはり、消毒や清掃など、授業以外の負担が増えていることと、授業そのものの負担も増えていることが影響していると思います。

こんな状態の学校で、果たしていい授業になるでしょうか？

学校再開後の悩み（おおいにそう思う、ややそう思うの合計）

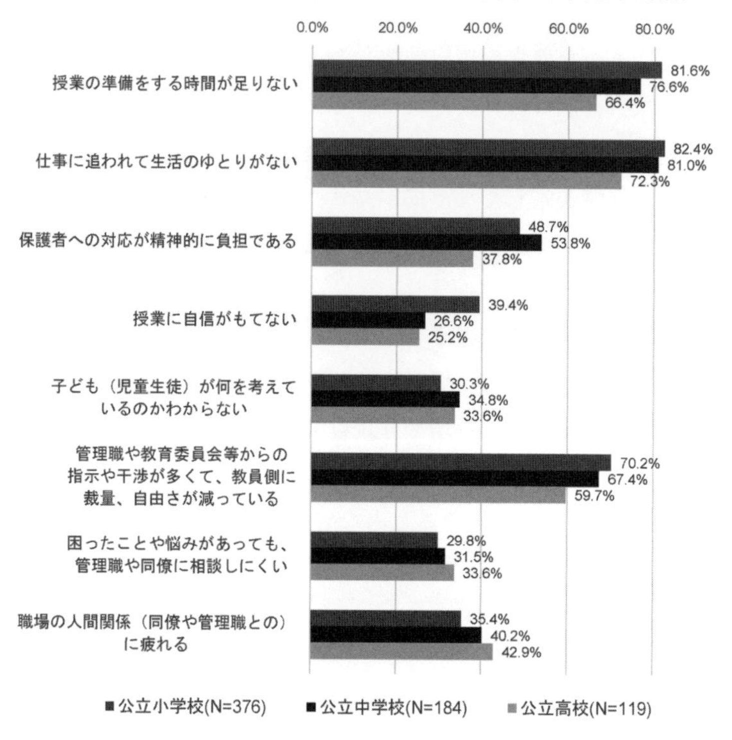

出所）妹尾昌俊「with/after コロナ時代の学校づくりと働き方に関する調査」

3 コロナ禍で進む「分断」

「保護者への対応が精神的に負担である」も約半数、「子どもが何を考えているのかわからない」も約３割の公立小中の教師が悩みだと言っています。

多くの学校で、休校中に児童生徒・保護者と先生とのコミュニケーションは疎遠になりましたから、家庭と学校との間で亀裂、もっと言えば、「不信感」が生まれているケースもあります。学校によっては、休校中にICT の活用が一向に進まなかったところや宿題のフォローアップがほとんどなかったケース（“プリントを渡して、あとはよろしく”）もありました。

わたしが実施した別の調査（保護者向け）では「休校中の学校からのコミュニケーションや働きかけが少なく（または満足できるものではなく）、信頼感が下がったかどうか」について聞いたところ、公立小の保護者（N=388）の約50％、公立中の保護者（N=123）の約56％が「信頼感が下がった」と回答しています。

学校が業務の見直しを進め、勤務時間を意識した働き方に変えていくには、保護者の理解を得ることが必要ですが、学校への不信感が高まる中では、それはますます難しくなることでしょう。

先ほどの教員向け調査に戻りますが、わたしが心配しているのは「管理職や教育委員会等からの指示や干渉が多くて、教員側に裁量、自由さが減っている」という悩みが6～7割もあり、「職場の人間関係（同僚や管理職との）に疲れる」という回答も多いことです。「困ったことや悩みがあっても、管理職や同僚に相談しにくい」という悩みも、小中高では約3割に上ります。

こうした結果から示唆されるのは、コロナ禍の中で「分断」が起きていることです。家庭と学校との関係については前述したとおりですが、教育委員会と教職員の間、あるいは校長と教職員の間、それに教職員同士の間もギクシャクしてきています。

それは、コロナ対応で「心配な家庭には電話をかけろ」、「学校の消毒を徹底しろ」などの命令が教育委員会等からたくさん下りてきたことが影響していると思います。また、夏休みの大幅短縮や行事の中止などについて、教職員はもちろん、保護者や子どもたちの声もろくに聞かず、教育委員会や校長会からトップダウン的に決められてきたことが響いていると推測します。

別の表現をすると、学校と保護者の間、教育委員会と学校との間、そして学校のなかで、信頼関係やつながり、「ソーシャル・キャピタル」が低くなっているのではないでしょうか(2)。この問題がコロナ禍での最大の問題のひとつであり、学校の働き方改革をコロナ前よりも一層難しくしている要因だと思います。

4 言行不一致では、信頼は高まらないし、人も来ない

コロナ禍のなかで、もうひとつ、わたしがたいへん危惧しているのは、学校教育の理念、ビジョンがないがしろになっている動きが一部に見られることです。

具体的に申し上げましょう。休校中の学習の遅れが心配だということで、各地で授業時間の確保に躍起になる動きが見られます。ところが、少し考えればわかることですが、休校中に自学自習が進まなかった子、あるいは保護者にガミガミ言われて勉強がイヤになってきた子たちにとっては、土曜日や夏休みを削って、授業時間が増えたところで、どれほど真剣に取り組むでしょうか？　授業時間増はそうした子にとってはマイナス影響のほうが大きいかもしれません。

もうひとつの例を。修学旅行や運動会などの中止がトップダウンで決まっているケースがあります。感染症対策のためにやむを得ない側面はあります。「仕方がないことだ。残念だけど、ガマンしなさい。」とだけで済ませる学校が大半でしょう。ですが、ある学校では、修学旅行に代わる校外学習を児童生徒が話し合いながら企画して、首長と教育長にプレゼンするというプロジェクトを行っています。子どもたちの主体性やリーダーシップが育つのはどちらの学校か、明らかですよね？

どこの自治体の教育大綱や教育振興基本計画、あるいは学校ビジョン（学校経営計画）などを見ても、「自ら考え、行動する子を育てたい」、「児童生徒個々に応じたきめ細かな教育をしたい」など、もっともなことを述べています。

ですが、コロナ前からも問題でしたが、コロナ禍においてより鮮明に可視化されたのは、こうした理念やビジョンと逆行するようなことを平気で、教育委員会や学校が推し進めてしまっている、ということです。子どもたちが考える機会や意見表明する機会をどんどん奪って、一律のものを押し付けているわけですから。

こんな状態では、関係者（子ども、保護者、教職員等）の信頼、ソーシ

ャル・キャピタルは高まりませんし、いくら教育委員会等が教師の仕事に魅力があるとPRし続けても、優秀な人材は教職を目指さないでしょう。試しに就職活動を終えた学生何人かに聞いてみてください。なぜその企業等を選んだのか。給料や知名度などだけではありません。その企業等の理念ややっていることに共感した、と言う学生も多いはずです。

5　理念、ビジョンがブレブレでは、業務の見直しは進まない

働き方改革や業務改善とはちがう次元の話をしている、と思われた読者もいたかもしれませんが、密接に関係することです。なぜなら、学校や教職員のやるべきことを重点化したり、優先順位を決めたりするときには、学校はなんのためにあるのか、何を大事にしないといけないのかという理念やビジョンが拠りどころになります。そこがグラグラしていて、浮ついて、軸がブレまくっていては、業務の仕分けや見直しは進みません。

理由は2つあります。第一に、学校教育には、子どものためになることがたくさんあります。ですが、冒頭で述べたとおり、あれもこれもと増やすばかりでは、とうに限界が来ています。子どものためになる、教育上意義のあることも一部はやめたり、減らしたりしていくことが必要ですが、そのためには、理念、ビジョンから考えていくことが必要です。

たとえば、掃除の時間は、いまはコロナの感染防止のため子どもの活動からは除外されている学校が多いですが、コロナ前からも外部委託でもいいのではないか、とわたしは再三申し上げてきました。もちろん、周りをきれいにすることは利他の心を育てるなど、教育的な意義はあるわけですが、毎日やるほどではないでしょうし、道徳の時間などでやればいいことだと思います。学校にもよりますが、ビジョンに照らすと、掃除の時間は必ずしも優先度の高い活動にはならないと思います。

第二に、保護者等の理解、協力を得ていくうえでは、理念、ビジョンを語っていく必要があります。想像してみてください。「働き方改革のために、Bという行事はやめます。」などとだけアナウンスしても、残念に感

じる人も多いでしょうし、納得しかねるという保護者もいると思います。

働き方改革のためではなく、その学校のビジョンを語りつつ、「Cという行事や日々の授業はこれまで以上に力を入れていきます。その準備もしっかり進めないといけませんので、B行事は中止とします。」と話をしてはどうでしょうか。ずいぶん保護者の理解もちがってくることでしょう。

6 ポストコロナ時代の学校の働き方

新型コロナの脅威を経験した世界において、これからの学校の働き方はどうなっていくでしょうか。

企業等では、コロナ禍のなかでウェブ会議の活用が進み、今後も出張や対面での会議は減るのではないかという話が出ていますし、テレワーク（在宅勤務）が広がる動きなども見られます。

学校にも一部そうした動きが波及することは予想できます。たとえば、伝達型の集合研修で遠くから集めなくても、オンラインで進めたほうが効率的です。対面は、対話的な学びや腹を割って議論する必要のある研修や会議に絞っていくべきでしょう。ウェブ会議などが慣れてくれば、たとえば、国内外の人とつないで、外国語教育や社会科の学びをより豊かにすることなどももっと広がるでしょうから、授業づくりにもプラスです。

また、教職員にとって育児や介護と両立しやすい環境を整えないと、離職が増えてもいけませんから、採点・添削や授業準備、事務手続きなどがテレワークできる環境整備を進めることは急務です。コロナが落ち着いて、「あ〜、あのときは大変だった」で終わるのではなく、その経験を活かして、必要なICTの整備と活用等を進めていくことが賢明です。

ですが、研修等の見直しやテレワークの環境整備などがたとえ進んだとしても、本稿で述べた問題に向き合っていかなくては、本質的な問題解決にはなりません。たとえば、学校や教師の業務をビルド＆ビルドで積み重ねるばかりでは、テレワークとなっても、プライベートと仕事が曖昧な環境のなかで、長時間労働はさらに悪化することが懸念されます。企業についてのデータですが、コロナ禍でテレワークをした人の約半数が通常勤務よりも長時間労働になったという調査結果もあります(3)。

また、多少研修などを工夫しても、教職員の日々の生活にゆとりがない状態のままでは、あるいは学校ビジョンが言行不一致な状態では、肝心の授業等はよくならないでしょう。

では、どうしていくとよいのでしょうか(4)。

コロナ前からも重要な課題でありましたが、コロナ後は分断が生じて、一層難易度は高まっていますから、少なくとも次の３つのことを真面目に取り組んでいくしかありません。

第一に、教育委員会や学校の理念、ビジョンについて、コロナ禍の反省点も直視しながら、教職員や子どもたちの参画を得て、必要な見直しを行い、アップデートしていくこと。

第二に、そうしたビジョンや中教審の議論などを参考に、学校の行っていることや教職員の業務について、仕分けをして、一部はもっと力を入れていく半面、別のものはやめたり、減らしたりするなど、業務改善を進めること。

第三に、学校現場の工夫や努力だけに頼るのではなく、スタッフを増やしたり、外部委託したり、ICT 環境を整えたりと、文科省が教育委員会等は然るべき環境整備と支援を進めること。

コロナ禍の反省を本当に生かすことができるかどうか、働き方の点でも、大きく問われています。

【注】

（1）2019年7月に岐阜市の中学生が自殺しました。和式大便器の前で土下座させられるなど、学校でのいじめが原因と見られています。学校は、別の生徒からの訴えやアンケート調査などから、少なくとも2度SOSを受け取っていたにもかかわらず、有効な手立てを講じることはありませんでした。多忙だからこうなったとは限りませんが、この市立中学校の教員は非常に多忙な日々であったことがわかっています。（岐阜新聞2019年12月24日、朝日新聞2019年12月27日。）

（2）露口健司（2016）『ソーシャル・キャピタルと教育：「つながり」づくりにおける学校の役割』ミネルヴァ書房などが参考になります。

（3）日本労働組合総連合会が2020年6月に実施したインターネット調査。N =1000。

（4）この紙幅では論じきれなかった点も多々ありますので、ご関心のある方は、わたしのYahoo!ニュース記事や著書『教師崩壊』、『こうすれば、学校は変わる！「忙しいのは当たり前」への挑戦』、『変わる学校、変わらない学校』なども参照してください。

第7章

1人1台端末環境が
もたらす
学校教育の構造改革

堀田龍也　東北大学大学院教授

1 「with コロナ」の時代を迎えて

新型コロナウィルス感染症の流行により、令和２年２月29日に安倍晋三総理大臣から、全国すべての小学校、中学校、高等学校、特別支援学校の臨時休業が要請されるという緊急事態を迎えたことは記憶に新しい。

要請後の休業期間中には、いわゆるオンライン授業ができた学校と、ICT 環境が十分に整っていないなどの理由でそれができない学校の児童生徒の間には、教育機会の格差が見られ、マスコミ等では「ICT 環境整備が教育の質に影響を与えているのではないか」と指摘する報道も見られた。

コロナウィルスによる学校の休業中、もちろん現場の教師たちは、子供たちの学びを止めないために涙ぐましい努力を続けていた。中には、プリントを大量に印刷し、学級の全家庭のポストに投函し、子供と直接接触しないように離れたところから電話で確認する例もあった。

しかし、これらはオンラインで解決できることである。学校に ICT インフラが整っていれば、多くの子供たちとはオンラインで毎日のように会えたはずだし、子供たちの学びの状況を把握する教師の労力は少なくて済んだはずである。オンラインでつなぐことができない家庭や、兄弟が多いなどの理由でオンライン授業への参加が難しい子供たちにこそ、学校が人手をかけるべきさまざまな対応が必要である。機材に留まらないさまざまな課題が横たわるからである。そこに注力するためにも、オンラインでつながることができる家庭を一人でも増やしていくことは、今後想定される第２波、第３波に対応するためにも重要なことであった。

ところが、一斉休校がスタートして３カ月近く経っても、オンライン授業を始められない地域が少なくなかった。その理由でもっとも多く聞かれたのが「インターネット環境がない家庭もある、教育格差が広がってしまう」というものだった。

しかし今回のコロナ禍は、平常時ではなく緊急事態であった。学校にある情報端末を貸与したり、オンラインでつながることができない子供だけを分散登校させたりする工夫によって乗り越えた地域もある。教師たちの努力が、保護者から見た熱心さ、ありがたさにつながっていた。逆に言えば、この危機にオンライン授業を行わなかったことは、それによって学校への信頼を落としてしまったということでもある。プリントを印刷して配布した教師たちは、喜んでそれを行っていたわけではない。オンラインで児童生徒とつながることすら実現できない状況の中で、苦し紛れに対応したのである。その意味では、学校がオンライン授業に挑戦することを後押しできなかった教育委員会には、学校の設置者として大きな責任がある。

コロナ禍によって、学校のICT環境整備が極めて貧弱であることが世間に可視化された。後述するように、GIGAスクール構想の前倒しが決まるなど、国は非常に速い勢いで動いている。この機会を利用して適切なICT環境整備を行うことは、自治体や教育委員会の本気度を示すことになる。実際、コロナ禍によってICT環境整備の重要性に気づいた首長によって、急いで補正予算を組んだ地域が見られる。

オンライン授業ができた学校や教師たちと、そうでない学校や教師たちとの間に生じた経験の差は、ICT活用に対する大きな認識の差になったと筆者は感じている。オンライン授業を体験して初めて感じられることがいくつかあるということである。そこでまず、オンライン授業によって実践者は何を学んだのかについて整理することから始めたい。

2　オンライン授業で実践者は何を学んだか

コロナ禍におけるオンライン授業にはさまざまな種類があった。Zoom等の同期型双方向のオンライン会議システムを利用した児童生徒との顔を見たコミュニケーションがもっとも多くマスコミに取り上げられたが、それだけではない。学校あるいは教育委員会等が作成した学習動画をYouTubeや学校Webサイトに掲載し、これをオンデマンドで視聴させるという取り組みもあった。あるいはGoogle Classroomのようなクラウド型の学習プラットフォームを活用し、教師から課題を出し、児童生徒が取り組んだ結果を提出し、教師がその学習状況を把握したり、コメントを入れて返却したりする取り組みもあった。学校等で契約している市販のデジタルドリル等による学習を行い、その状況を教師が把握した取り組みもあった。これらのいくつかの種類の取り組みと、学校が用意したプリント教材やNHKのEテレの教育番組（あるいはオンライン配信のNHK for School）を視聴させる学習活動と組み合わせる実践が多かった。

教室での通常の授業では、理解を促すために教師が説明をしたり、児童生徒が自分の考えをノートに書いたり、考えを友達と共有して触発されたりする。終盤には、習熟や定着のために演習等が行われる。このように、授業はいくつかの学習活動の組み合わせによってできあがっており、それぞれの学習活動には当然ながら意図や目的がある。同じようにオンライン授業も、すべてを1つのツールで行うのではなく、学習活動ごとに、意図や目的を達成させやすいツールに割り振って行うことがポイントとなる。ネット越しとはいえ顔を見て声を聞くことができるオンライン会議システムは、主旨説明や課題意識の醸成を短い時間で行ったり、個による追究の後に発表させたり、教師が整理してまとめたりする時に効果的である。一方、児童生徒が持っている教科書や資料集、ドリル教材、学校が用意したプリント教材、オンデマンドの動画などは、児童生徒の都合のいい時間に取り組むことができ、どれだけ時間をかけるかについても個々に応じることができる。これは教室での通常の授業にはないメリットでもある。

オンライン授業を経験した教師は、個別のツールの操作の体験をしただけではない。授業を学習活動に区分し、それぞれの学習活動に適したツールを選択し、それらがうまく機能するかを経験したのである。これらのツールは、コロナ禍によって開発されたものではなく、従前から利用しようと思えば利用可能だったものである。これまでは、対面授業が中心だったこともあり、これらのツールの必要性を感じることがなかったため、利用した経験がなかった教師たちが、オンライン授業を体験し、これらのツールの可能性を実感し、そして学校が再開しても利用可能だと思い始めたのである。ICT活用体験と、その利便性や限界を体感したのである。しかも、時間や場所に関わらず学習する基盤の存在意義を感じたのである。

オンライン授業を経験した教師たちが実感したことは他にもある。それは、学級への帰属意識の重要性である。通常の授業は、学級というコミュニティを前提にして進行する。オンライン授業でも同様で、教師や友達の顔が見え、会話を交わすことができることによって、児童生徒にもたらされる安心感は大きい。オンライン授業の実践が、朝の会の10分間の利用などから始める例が多かったのはこれが理由である。

児童生徒の自己学習のスキルも大きな課題であった。教科書は、教室において対面授業が行われることを前提として設計されている。したがって、児童生徒にただ教科書を読めと言っても、そこから何を得るべきかという支援がなければ学習は成立しない。プリント教材をどれだけたくさん配布しても、ノルマ的にそれをこなすだけでは、学習としては十分ではない。教師から児童生徒に対して、教科書をどう読み、何をこそ読み取るべきか、そのプリント教材の目的は何で、どんなことができることが大切なのかについて語りかける必要がある。このことは、児童生徒のモチベーションだけの問題ではなく、自己学習のスキルの問題である。自分の学習に対して自分で計画を立て、自分のペースでこなし、自分の学び方を振り返ることの繰り返しで身に付くスキルであり、逆説的であるが、日頃の授業で自己学習のスキルを身に付けさせておいたかどうかがコロナ禍によって露呈したのである。

これからまたコロナ禍によって学校が休業となる可能性がある。いや、コロナ禍だけでなく、インフルエンザの大流行による休校や学級閉鎖はこれまでも体験されていることである。激甚災害が多い時代でもある。たとえば骨折で入院しているけど学びは続けたいという場合もある。一斉休校だけでなく、学級ごと、児童生徒ごとに、登校できない時期は十分に考えられる。したがって、児童生徒はこれからも、在宅で家庭学習に取り組むための自己学習のスキルは必要とされることだろう。オンライン授業も、これから何度でも経験する学習方法になる。

これからは、対面授業だけで学校教育が進行するということは難しいと考えた方がよい。通常登校できるならよいが、分散登校とオンライン授業の組み合わせで学習保障をすることを考えた「ハイブリッドな教育課程」の編成が必要となる。通常登校になったらオンライン授業は終わりではなく、コロナ禍でオンライン授業を経験した教師の経験は、今後に役立つことになるのである。

3 ICT環境整備の遅れが学力にもたらす影響

突然のコロナ禍の危機的な状況にあって、学校がオンライン授業を実施できなかったということは、市民の学校不信を助長することとなった。この背後には、学校や教育委員会の過度な横並び意識のほかに、学校現場のICT環境整備がオンライン授業すらできない程度の貧弱な整備状況だったという現実がある。

これまでICTを使うより、教科書とノートで学ぶことこそが重要だ、オンラインで学ぶ経験をさせることより、教師がきめ細かく指導することが大事だといったリーダー層の感性によって、各自治体による学校現場のICT環境整備は先送りをしてきたところが多い。

今や、生活の中でほとんどの人がスマートフォンを持ち歩き、タブレットを家庭でも利用し、仕事ではノートパソコンを持ち歩く時代である。生活でも仕事でも、ICTを切り離すことはできない社会である。店舗での支払いもキャッシュレスになりつつある。さまざまな行政上の手続きもさらにオンライン化が進むだろう。すでにICTを活用するスキルがない人は職に就くことができない時代となって久しい。終身雇用が崩壊し、即戦力が求められるようになってからは、スキル重視の評価が一般的である。これからさらに情報化が進む時代に生きることになる児童生徒に対する学校教育において、ICTは不要だ、予算も少ないしといって整備を先送りにしてしまう感性は、社会の現実を見失っていると言わざるを得ない。

ICT環境整備の先送りは、教師だけでなく児童生徒のICT活用の機会を奪い、伸びるべき能力を伸ばさずにいる。そんな結果が2018年に実施されたPISAの結果として公表され、社会を震撼させたのは記憶に新しい。

PISA とは「国際学習到達度調査」という名称であり、OECD（経済協力開発機構）によって３年に１度実施されている。OECD が実施主体であるから、その目的は、生徒が持つ能力が、経済活動への参画のための雇用の確保、生活水準の向上に備えられているかである。義務教育が修了した15歳の生徒が持っている知識や技能が、実生活の様々な場面で直面する課題にどの程度活用できるかを測ることを目的とした調査である。

2018年の PISA では、日本の生徒の読解力（reading literacy）は、全参加国・地域（79カ国・地域）では15位であった。読解力は８段階に分類されているが、我が国の生徒はレベル１（最も基本的な知識・技能を身に付けていない）以下の低得点層が2015年と比較して有意に増加していた。レベル２（最小限に複雑な課題をこなすことができる）も増加していた。このことは、読解力が著しく身についていない下位生徒に十分な学習指導が行き届いていない可能性を示している。

PISA における読解力では、読解対象の「テキスト」を、紙に書かれたものだけに留まらず、街中の看板等や、オンライン上の多様な形式を用いたデジタルテキスト（Web サイト、投稿文、電子メールなど）まで含めている。それらのテキスト中の情報にアクセスし、該当する情報を取り出し、字句の意味を理解し、統合し、信ぴょう性を評価する能力を読解力と呼んでいる。日本人がイメージする文学作品のそれとは異なり現実指向である。

この読解力が年々下がっているという日本の15歳の現実をどのように捉えればよいのだろうか。

PISA2018では、学力に対する調査のほかに、生徒の ICT 活用の調査も実施している。その結果、我が国の生徒は、学校の授業（国語、数学、理科）におけるデジタル機器の利用時間が OECD 加盟国中最下位であった。「コンピュータを使って宿題をする」「学校の勉強のために、インターネット上のサイトを見る」など授業外の ICT 活用頻度も OECD 加盟国中最下位であった。一方、「ネット上でチャットをする」「１人用ゲームで遊ぶ」頻度の高い生徒の割合が OECD 加盟国中トップであり、かつその増加の程度が著しかった。

すなわち我が国の児童生徒は、ICTを遊びの道具としては極めて多く活用しているものの、ICTを学習の道具として活用する経験はOECD諸国と比較して極めて少ないということである。これは、我が国のICT環境整備の遅れが、児童生徒のICT活用経験の不足につながっており、PISAで求められるような実用的な学力に影響を与え始めたことを示唆している。

4 学校のICT環境は児童生徒の学習環境であり教師の職場環境である

2019年6月28日に「学校教育の情報化の推進に関する法律」が公布され、即日施行となった。この法律の施行は、我が国の学校教育において極めて大きな分岐点となるだろう。

この法律の第3条・基本理念には「家庭の経済的な状況、居住する地域、障害の有無等にかかわらず、等しく、学校教育の情報化の恵沢を享受し、もって教育の機会均等が図られるよう行われなければならない」と書かれている。この条項は、教育基本法が定める教育の機会均等を実現するためにICT環境整備を行うのだという基本的な考え方を示している。ICT環境の整備が不十分であるということや、児童生徒によるICT活用が十分に行われていないということは、この時代の教育の機会損失だという考え方なのである。それが法律として制定されたのである。

この法律の制定により、今後、学校教育におけるICT環境整備は格段に進むと考えられている。整備の次は活用、そして能力育成である。デジタルと体験学習等の従来の指導をどのように適切に組み合わせて学習指導を進めるかについては、教員養成、教員研修にまたがる課題でもある。その結果によって児童生徒に身に付く情報活用能力は、学習場面における十分なICT活用経験によってこそもたらされる能力でである。さらに今後は、学力調査や資格試験、いずれは入試までもコンピュータ使用型テスト（CBT：Computer Based Testing）化の推進が検討されている。

人口減少社会に突入して久しい我が国において、民間企業等では早くからICTやネットワークをふんだんに用いることができるよう投資して社員の働き方を改善し、有能な人材がパフォーマンスを発揮しやすいICT環境を整備していた。コストを下げ、在宅勤務が可能とするためのペーパーレス化を進めた。働く人々のスキルと働きやすい職場のマッチングも進み、人生100年時代を迎えた今、人生の各ステージにふさわしい職場で軽重を付けた働き方が実現するよう努力してきた。

これに対して学校現場のリーダー層は、従来の形を変えないことを基調とし、「紙でできることをなぜわざわざICTを導入してまでやる必要があるのか」といった昭和の頃から変化していない旧態依然とした価値観が多く見受けられてきた。急増している若い教師の多くは、紙中心の仕事の不効率さに辟易としている。彼らは便利なICTを普段の生活で使っているし、同世代の民間就職者の働き方を見ているからである。尊い職業である教職がブラックだと揶揄されるのはこれが理由である。

ICTに対するこのようなネガティブな意見は、学校のICT環境の整備主体である教育委員会のトップ層や、これをリードする立場の首長にも見られる。ICT環境整備に必要な費用の一部は地方交付税交付金であり、その使途は自治体が判断できる。実際、学校の耐震化やエアコンの設置、洋式トイレの整備等にも経費がかかってきた現実もあり、ICT環境整備だけに多額の予算をかけることができないという実態も確かに存在する。役所内の予算獲得の攻防も厳しい。

しかしその結果、学校の職場環境は劣悪なまま、児童生徒や保護者の多様化に人力で対応しながら教師は疲弊し、有能な人材は学校現場を避けて私立学校や民間企業に向かう始末となっている。学校のICT環境整備は、児童生徒の学習環境の問題だけでなく、教師の職場環境としての問題として浮上しているのである。しかも自治体間格差が広がってしまっており、コロナ禍でのオンライン授業の実施状況が１つの指標となって、次第に世の中はその遅れに気づき始めている。

2019年12月に「GIGAスクール構想」が打ち出され、国費による2,318億円の補正予算が設定された。各自治体にICT環境整備を任せておいては、「学校教育の情報化の推進に関する法律」の主旨に反するからである。コロナ禍によるICT環境整備の急速な是正が求められる機運を受け、2020年度第一次補正予算案において、GIGAスクール構想の前倒し実施のためにさらに2,292億円が計上された。約1年間の間に、教育の情報化に対する法律が制定され、合計で4,610億円もの巨額の予算が国によって用意されたこの機会にこそ、各自治体は児童生徒1人1台の情報端末が行き渡るようにし、家庭に持ち帰って学習に利用できるような整備を急ぎ、「ハイブリッドな教育課程」の編成を急ぐ必要があるのである。

第8章

見送られた9月入学の課題

髙階玲治　教育創造研究センター所長

1 突然だった9月入学の提唱

それは突然だった。2020年4月28日、17人の知事有志が9月入学を導入する共同メッセージを発表した。東京都、大阪府知事も賛同した。翌日の29日には安倍首相がそれを受けて衆院予算委員会で「前広に様々な選択肢を検討していきたい」と語った。乗り気だった。

それがひと月過ぎて、自民党のワーキング・チーム（WT）の提言を受け、「来年度は困難」と5月29日には見送りを決定した。

なぜ、9月入学は突然のように提唱され、見送られたのか。

周知のように新型コロナ・ウイルスの影響である。安倍首相は2月27日に小・中・高校などに3月2日からの休校を要請した。そして4月7日には7都道府県で緊急事態宣言が出され、16日には全国に拡大した。

4月から全国的に休校が継続された。先が見えない休校だった。5月も続くと考え、知事会で緊急の提言がなされたのである。すぐに政府内での検討が始まり、5月12日には自民党のWTがスタートした。

長く続く休校の結果として学習の遅れが深刻化する。さらに3密を回避するため分散登校が行われ、正常でない授業の結果、正規の教育課程は実施不可能になる。9月入学にすれば授業時数が確保され、当該学年の学習内容が余裕をもって実施される、と考えたであろう。

だが、当然ながら9月入学には賛否の声が大きかった。特に2020年度からの実施には時期尚早の意見など多かった。ただ、9月入学そのものには教育制度を欧米並みの国際水準に合わせるべき、という考えも多くみられた。

ともあれ、2020年度の実施は当然不可能であった。例えば、小学校の新1年生は4月以降の学びが始まっているが、それに割り込む形で9月からの1年生と同居することになったらどうなるか。このことだけでも今年度は不可能であった。

ところで諸外国の入学時期はどうであろうか。

各国の主な入学時期

1～2月　シンガポール、オーストラリア	5月　タイ
2月　ブラジル	6月　フィリピン
3月　韓国、アルゼンチン	7～9月　米国
4月　日本、インド	9月　英国、フランス、カナダ、中国
	9～10月　ドイツ

4月入学は日本とインドのみである。9月入学は主に欧米である。

9月入学時期を欧米と同一にすることで相互の留学がスムーズにできる、などのメリットを理由に東京大学が提唱したことがあったが、他大学の賛同が少なく今日まで実現していない。

ただ、小・中・高・大の9月入学は1980年代の中曽根内閣時代の臨時教育審議会でかなり論議されていた。メリット・デメリットも具体的に提示されていたが、実施に踏み込む賛同意見はなかったとされる。また当時は5歳児入学という、入学時期の前倒し案であった。義務教育の開始年齢が半年遅れになる今回とは真逆であった。

2　9月入学はなぜ見送られたか

(1) 9月入学のメリットは何か

今回の9月入学は、どの程度大ごとであろうか。明治の学校開始や戦後の新制中学校の発足を考えてみても、「よくぞやれた」と思えるほど強力な力が働いていた。何よりもこの2つの改革は教育が国民全体に行きわたる希望や、義務教育の年限が延びて一人一人がより高い学びを体得できるという期待があった。

今回はどのような期待を抱くであろうか。高校生の声も多様に聞かれたが、休校続きへの不安とともに留学への期待の声もあった。

9月入学のメリットは何なのか。

・何よりも休校での学習の遅れを補強する期間を確保できることが最大のメリットである。休校によって中止した運動会や修学旅行などの行事が可能になる。ただ、遅れの補強は１年程度である。むしろ、９月入学は、学力水準が半年遅れで全体的に低下する。それが継続する。OECD の PISA 調査は年齢に基づくので確実に低下する。

・もしも９月入学になれば、９月入学式・始業式、10月運動会・文化祭、１月冬休み、４月春休み、修学旅行シーズン、５・６月受験シーズン、７月終業式・卒業式、となり、長い夏休みを学年の変わり目に置くことで年間指導計画に余裕ができる、という考えがある。

・ますます進むグローバル化によって国際的な連鎖が強くなることから、研究や学習機会の同時性が求められるようになる。大学の国際化が強化されるであろう。また欧米諸国と入学・始業の時期がそろうことで留学生の往来が増え、特に我が国は半年待つ必要がなくなる。また、遠隔教育は国を超えて行われるようになる。最近、短期留学は遠隔教育で間に合うのでは、という声があるという。

・企業は賛同する声が多い。欧米や中国などと合わせることで人材の国際化が進むと考えている。企業の新卒の採用は４月一括ではなく、最近は通年採用が進みはじめている。

しかし、デメリットははるかに大きく強力であった。

（２）移行への２つの文科省案

2021年度の９月入学に関して文科省は２つの案（図）を示している。

１つは、一挙に９月入学を実施する案である。2020年度は17カ月になる。９月入学の小学校新１年生は従来の児童に加えて、さらに４～８月生まれを同時に入学させるために、この学年は1.4倍に増加する。また、１歳半も異なる児童が同じ学級を構成することの難しさもある。その状態がこの学年だけ卒業まで続く。

この案について、苅谷剛彦・オックスフォード大学教授の研究チームの推計が発表された。教員2.8万人が不足し、保育所の待機児童も26万人以上、地方財政で３千億円の支出増が見込まれるという試算である。

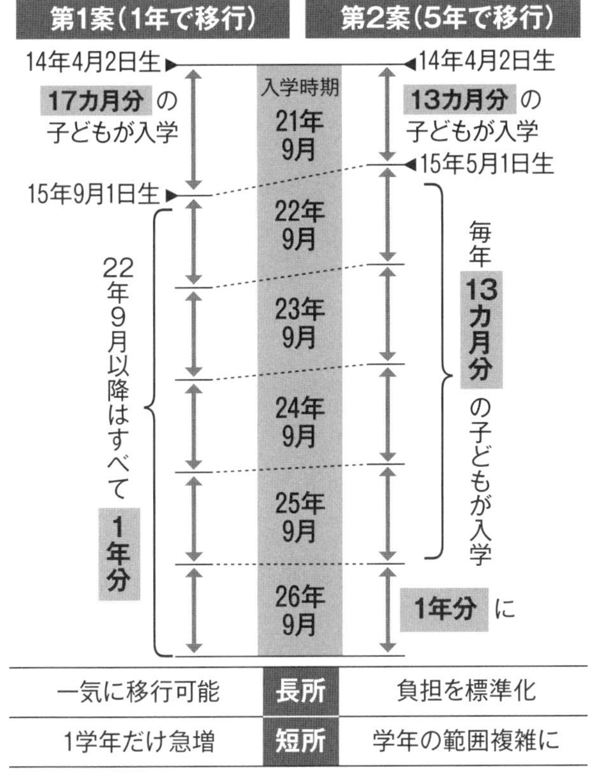

注　日本経済新聞　2020年５月20日朝刊より

また、この案では、学齢の開始が最も遅い児童は７歳５カ月目でやっと入学できるのである。あまりにも遅すぎないか。最近の児童は学習成長がかなり速くなっている。デジタル世代でもある。

入学時期の先延ばしは国際的に遅れをもたらすだけである。むしろ、５歳児入学に道を開くべきではないか。

文科省の２つ目は、「５年かけて移行する」案である。

この第２案は極めて複雑である。学年の年齢範囲が毎年異なるだけでなく、就学年齢が小刻みに変わるために幼稚園や保育所の対応が難しくなる。

到底、受入れられるとは思えない。

文科省の２つの案は、どちらも学習時期を後に遅らせる案である。国際的にみて６歳就学が普通であるとき、我が国の教育が後退するような意図がわからない。それはどの学年も半年あるいは数カ月遅れになるということである。全体的に学力は低下する。それを誰もが望んでいないであろう。

なお、これらの案が出される前に、９月入学までに待機児童が多く生じるという問題を受けて、４月に「ゼロ学年」として入学させる案がみられた。

（3） 9月入学への多大な課題

９月入学への賛否はかなり多様であった。

そもそもの発端は全国知事会の提案であるが、日本経済新聞の調査では、知事の６割が賛成、反対は二人のみだった（５月13日朝刊)。

しかし、日本PTA全国協議会は５月１日という早い時期に「９月入学の議論に関する緊急要望書」を提出している。その主な内容は、①教育計画や行事計画の変更を伴い、学校現場へのさらなる負担を強いるのではないか。②学年の始まりが５カ月遅れるため、４～８月の授業料など、家庭の経済的な負担が増えるのではないか。③９月入学になれば子供の居場所の確保が難しくなる。仮に保育所に預けた場合、人数の増加で待機児童が増えることにならないか。④部活動の大会は５～８月に集中しているが、仮に夏に入試が行われるとした場合、最終学年の大会参加は難しくなるのではないか。⑤企業や官公庁の人事異動は４月が多く、保護者の転勤時期と子供の入学や進級にずれが生じないか。⑥桜に会わせた卒業、入学など、四季に恵まれた日本独自の文化が損なわれるだけでなく、熱中症や台風のリスクがある中で卒業式や入学式をすることになるのではないか――などである。

その他新聞等の情報によれば、全国市区長は18％が賛成、慎重と反対が合わせて８割という。また、47都道府県の各町村会長の８割が反対とされる。慎重な判断を求める教育学会の声明もみられた。

こうした動きの中で、５月22日頃から自民党などから「慎重な検討」を求める声が大きくなる。そして自民党WTの提言に基づいて９月入学見送りが決まる。

自民党WTが５月29日に提言した９月入学見送りは次のような内容である（日本経済新聞2020年５月30日)。

> ９月入学
> ・国民的合意や一定の期間を要するため、今年度・来年度のような直近の導入は困難
> ・子供たちの学びの保障と９月入学の導入は、同じ時間軸で考えることは困難
> ・導入の意義は幅広い。引き続き広く建設的な議論を行うべきだ。政府も導入の可能性を検討すべきだ
>
> 学びの保障など
> ・20年度の修学期間を２週間から１カ月程度延ばす特別措置を提起
> ・20年度の大学入試日程について２週間から１カ月程度の後ろ倒しを提言
> ・（コロナ禍の）第２波・第３波が生じた場合は柔軟な対応を行うべきだ

この提言は「今年度・来年度のような直近の導入は困難」として見送りを求め、それが政府によって認められた。ただ、「引き続き広く建設的な議論を行うべきだ」としている。

むしろ、今必要なのは休校が長引いたことによる学習の遅れをどう保障するか、を優先課題にすべきだとされる。それは多くの識者の意見にみられる考えでもある。何よりも休校がもたらした現状を正常に戻すことが緊急の課題であった。

3　９月入学見送り後の課題

（1）長期休校の学びを取り戻せるか

2021年９月入学が見送りになったことで、学習の遅れを残った期間内に取り戻すことが必須の課題になった。６月に開校しても３密を避けるため

の分散登校は続いていた。

その解決策は難しいが、文科省は指針を示すことで切り抜けようと各学校に通知した。次はその一部である。

・小６・中３を除く学年は１年間の学習計画を翌年度以降に繰り越し可能にする

・夏休みなど長期休暇活用や土曜授業・７時間授業を実施する

・個別で実施可能な学習は家庭で行う。評価は対面と同様にする

・退職教員や大学生、塾講師を補習などで活用する

さらに文科省は、小中学校の教科書のうち、約２割分を授業外で学ぶことができるとして、教科書の学習内容を授業内外に仕分けして、小６、中３の指導計画書を教科書会社と協力して作成している。当然、保護者の指導負担が生じることになるであろう。

学校もまた年間指導計画の見直しを始めた。東京都のＡ小学校は次の学校行事中止の確認を各保護者に連絡した。

１学期・どろんこフェスティバル、移動教室６年、中学授業体験６年、特別支援学級移動教室、PTA 自転車安全教室、企業体験５年、PTA ディキャンプ、保護者会、中学校部活体験、夏季水泳指導、林間学校５年、セーフティ教室

２学期以降・地域行事を学ぶ会、ぶどう祭り、神社祭礼での鼓笛演奏、連合体育大会、特別支援学級連合学習発表会、小中合唱交流会4.5.6年、連合音楽会3.4年、区音楽会5.6年

これらは６月初めの対策であるが、年間指導計画等の見直しは頻繁に行われるであろう。

（２） ９月入学の可能性に向けて

2021年度の９月入学は見送りになったが、一方では国際標準化への期待の声もまた大きいものがある。欧米と学期開始がそろっていることで、大学同士が連携して単位交換プログラムが容易になる。学制の留学や研究者の人事交流がしやすく、海外の学生も日本の大学が選択肢になる。国際的な遠隔教育も可能になる。

企業は、海外留学中の学生と国内の学生を同じタイミングで採用できるメリットがあるという。企業の採用は依然として春に集中しているが、これからは本格的に通年採用に切り替えるであろう。

こうしたことを考えると、９月入学の論議は今後も継続して行われると考える。自民党 WT が「政府も導入の可能性を検討すべきだ」と述べている。５歳児入学は当然の課題になるであろう。

ただ、今回の論議はなぜ急速に治まったのか。論議の経過の中で、教員2.8万人不足、保育書の待機児童も26万人超になるなどの具体的な数字を示したのはオックスフォード大学苅谷剛彦教授の日本チームであるが、苅谷教授は「実証的な証拠であるエビデンスに基づいて検討する機会がないままに議論が進むのを恐れたからだ」という（朝日新聞インタビュー2020年６月４日)。

今回の９月入学賛否での教訓は、既存の教育システムを改革し、未来に向けた望ましい教育実現の展望とそれに至る確実な進展を具体的に進めることの難しさである。①９月入学という教育改革の目的について幅広い支持が必要であったが、それが不十分であった。時間も足りなかった。②９月入学の立案者は、最新の知識や専門的で必要なデータなどを所有して企画立案すべきであるが、極めて不十分な状況だった。③９月入学は政府から地域や学校、保護者までを含む多様な影響を持つが、不安感が広がる可能性が大きかった。

ともあれ、９月入学が実現できるかどうかは予測できない。極めて望ましい形での実現が可能であれば、と考えるがどうなるか。国民的宿題ということであろうか。

付録　緊急アンケート　2020年2月27日全国一斉休校要請

そのとき学校は、そして第二波に備えるために

3月2日から始まった全国一斉休校。その後も分散登校などが続いた学校現場では、どのように対応したか、また新型コロナウイルス第2波への対応も視野に入れて、校長先生や副校長先生、教頭先生が現在どのように、苦慮しながら取り組まれているか、学事出版の月刊誌で緊急アンケートをとりました。大変反響の大きかったアンケートで、ここに再録いたします。7都道県14名の臨場感迫る迫真のドキュメントです。ぜひ参考にしてください。

[アンケート内容]

質問項目は次の①～⑤で、自由記述とさせていただきました。

①対教師：学校長（副校長、教頭）として、先生方にどういった要請、注意、準備を促したのか

②対子ども・保護者：学校長として、どういった説明、対応をしたのか

③迅速な対応が迫られる中、優先した事項1～3点

④学校再開時に留意したこと：不登校対策、授業時間確保、夏休み期間など

⑤現在、第二波に備えて、注意していること、実施していること

●北海道　市立小学校校長●

①対教師：どういった準備を促したのか

・児童の感染予防対策、健康安全の確保が最優先であること

・これまで経験したことのない事態で、児童の内面（心）にしっかり目を向ける必要があること

・本校では自主的に家庭学習に取り組む能力を育んできていることが試される。学年の実情に応じて休業期間中の課題を準備すること

・休業期間中、定期的に家庭と連絡を取り、児童の様子を把握すること

②対子ども・保護者：どういった説明をしたのか

〈保護者〉

・児童の安全・安心を第一と考え、感染から子どもたちを守るための対応としてご理解ご協力をお願いする

〈児童〉

・感染症から自分の身を守ること

・家族の一員として何ができるか考え実行すること

・計画を立て家庭での学習に取り組むこと

③優先した事項１～３点

・感染症予防対策

・児童の心のケア

・対応における職員の共通理解

④学校再開時に留意したこと

・児童の心のケア

・児童の充実感、満足感を大切にした教育活動の工夫

・学年の実情に応じた、無理のない授業時数の回復（夏休み期間の短縮）

⑤現在、第二波に備えていること

・マスクを着用すること

・手洗いを徹底すること

・人との距離を意識すること（児童自身の意識の定着）

●北海道　公立中学校校長●

①対教師：どういった準備を促したのか

・公教育の役割の自覚、説明責任をはたせる学校（生徒の命を守る、学びを保証する）

・生徒や保護者の願いの共有（多様な家庭環境に配慮した対応）

・安全・安心な学校づくり（全教職員の危機意識の共有、感染予防の徹底）

・学びの保証（生徒の状況を踏まえ、個に応じた指導の徹底）

・生徒の心のケア（災害時の対応を参考に、生徒の心を理解する）

②対子ども・保護者：どういった説明をしたのか

・新型コロナウイルス感染予防の対策は、自分の命を守り、友達や家族の命を守ることである。学校行事の見直しや学習の遅れなど、心配なことがあると思うが、学校からの十分な説明をしていく。

・安心・安全な学校づくりに向けた家庭との連携（感染対策の徹底、家庭での検温や健康状況の把握）

・学びの保証（学校行事の見直しや土曜授業の実施により、標準授業時数を確保すること）

③優先した事項１～３点

・設置者である市町村教育委員会との連携

・消毒や検温など、全教職員が関わる体制づくりと現状認識の共通理解

・保護者への迅速な情報発信（「安心メール」による発信）

④学校再開時に留意したこと

〈不登校対策〉

・朝の全体打合せをやめ、学級担任が学級で生徒を迎え、小さな変化を見つけるようにした。

・臨時の三者懇談会の実施、保護者・本人との面談、聞き取り

・欠席、早退、遅刻が２日続いた生徒の家庭訪問

・ストレスの把握を含めた生活アンケートの実施

〈授業時間の確保〉

・学校行事見直しによる計画、実施段階の授業時間の振り替え

・土曜授業実施による授業時間増

・夏季休業期間の短縮

・「新しい生活様式」でも実施可能な学校行事の検討

⑤現在、第二波に備えていること

・「新しい生活様式」の実践の徹底（危機意識の共有）

・「リモート授業」の進め方の研修・ストレスから来る生徒のいじめ、不登校問題への未然防止、早期発見・早期解消（２カ月に１回のいじめアンケート調査、欠席が続く生徒の保護者との懇談や家庭訪問、教育相談の実施）

・学校運営協議会を通じた地域との危機意識の共有

●千葉県　市立小学校校長●

①対教師：どういった準備を促したのか

4月1日から校長に昇任し、小学校に赴任したが、4月6日始業式を行ったものの、8日入学式を最後に再度の臨時休業が始まった。入学式を密にならないように会場設営するとともに、できる限り学校の滞在時間が短くなるように配慮した。本来ならば行う予定の記念撮影もなしにして、PTA 役員決めも行わなかった。

2～6年生の担任に対しては、2日間の子どもたちとの出会いを大切にするよう準備を十分に怠らないようにすることや、1カ月の臨時休業中の課題がスムーズに進むように2日間の中で指導するように指示した。

入学式においては、1年生の担任はもとより全職員で、子どもや保護者に対して心から「入学おめでとうございます」という歓迎する気持ちを表すよう指示した。

②対子ども・保護者：どういった説明をしたのか

4月6日始業式では、子どもたち全員を集めての式ができないため全校放送での式になってしまったが、その後各教室を回って、「こんな子どもになろう、こんな学級をつくろう」と校長として自己紹介を兼ねて話をするとともに、1カ月間みんなで頑張って乗り切り、5月に元気な姿を見せてほしいとお願いした。

保護者に対しては、4月時点では学校だよりの中でありきたりではあるが、コロナのために臨時休業で家庭での学習をお願いすることになったことへのお詫びをしたのみにとどまってしまった。

5月いっぱいまで臨時休業が延長されることになり、新たに学習課題を出す必要性が出てきた。オンライン学習は学校・家庭とも環境が整っていないため、教科書・プリントを中心とした課題となった。こうした家庭学習の課題を渡す方法として、保護者と担任との出会いも重要であると考え、1週間に1度（月曜日）、保護者に教室まで取りに来ていただくようお願いした。

保護者には前週の課題を提出してもらい、次週の課題を渡す機会を設けたことで、子どもたちの生活の様子や家庭学習の進み具合等を担任が直に聞き取ることができた。そのおかげで、家庭学習の内容や進め方について改良することができた。保護者に様子を見ていただいたことは我が子の学習の理解度を肌で感じてもらえ、家庭学習の習慣が身につく成果に結びついた。

なお、学習課題を出して保護者に任せっきりならないように以下のような２つの配慮をした。

まず、課題がスムーズに進むように、プリント等に合わせた動画をつくり、学校のホームページで配信した。例えば、国語の音読を教師が教科書を範読した動画を配信して、子どもたちが音読練習できるようにしたり、理科の観察がしやすくなるように、観察の仕方を動画で配信したりした。特に１年生については学習が始まっていないことから、課題として出したプリントについては全て動画を配信し、親子で課題に取り組めるようにした。動画を配信したときには、迅速に一斉メールでその旨をお知らせし、すぐに視聴してもらえるようにした。

また、学童ルームの指導員の方々にもこのことを知らせ、学童ルームに通っている時間に課題を進めてもらうようにした。

次に、ヘルプデスクを設けた。家庭での学習課題の進め方がわからない場合は家庭から電話で問い合わせができるようにした。問い合わせしてきたのはほとんどが保護者であったが、説明すると理解してもらえた。同じ問い合わせが数件にのぼった場合には、課題の進め方の補足を一斉メールで流した。

③優先した事項１～３点

○教員と子ども・家庭の距離を少しでも縮めること

・感染のおそれがあることから休業期間中に家庭訪問ができないため、先に述べた課題に対する動画配信だけでなく、学年の教員からの応援メッセージも動画配信し、少しでも教員と子ども・家庭の心的な距離を縮めるように努力した。

○教員自身が感染しないようにすること

・教員自身が感染しないように、分散出勤にして、毎朝８時に校長から教職員にメッセージを配信し、それにリアクションすることで勤務していることとした。

・全員出勤は週２日（３時間程度）とし、出勤した場合は、密を避けるために職員室での打ち合わせをやめて多目的ホールという広いスペースのあるところで行う等して感染予防をした。

○再開した時にスムーズに教育活動を進められるようにすること

・２カ月分の授業時間数を取り戻すには夏休みを短縮したぐらいでは不可能であることから、教科ごとに学習指導要領の内容を見て、進めるべき教科書のページを割り出すとともに、カリキュラム・マネジメントにより効率的に学べるように年間指導計画の改良を図った。

④学校再開時に留意したこと

・感染予防対策として、「○○小の新しい生徒様式」を職員会議で皆が知恵を出し合って作成した。この会議は３時間以上かかったが、おかげで共通認識と理解をすることができた。この内容を子どもや保護者にお知らせすることで学校再開に向けて安心感を持ってもらえるようにした。

・不登校対策が一番難しかった。そして、現在も難しい。市教委の指示により、体の不調を訴えた場合は「新型コロナウイルス感染の疑いによる欠席」ということで欠席扱いとならない「出席停止」とせざるを得ない。

　休みがちになった場合、担任が家庭訪問を行い、子どもの様子を慮る等の対策を講じるのが常道であるが、なかなか家庭訪問が難しい。

・授業時間確保については、行事にかかる時間の短縮、夏休み期間を20日弱短縮、木曜日の６時間授業により、少しでも授業時間が増えるようにしている。ただし、７時間授業を実施することは現時点で子どもたちや教職員にかかるストレスが心配だからである。

　学習の問題はいずれ解消するだろうが、心の問題は後に尾を引く。また、教職員の消毒作業も重なる中、ストレスでダウンしてしまったら学校は立ちゆかなくなる。したがって、授業を詰め込むような形で進めることがないように指示している。時には学級レク等を行って、子どもたちがホッとできる時間をつくることを推奨している。

・市町村のレベルによって、どこまで教育活動を進めることができるのか校長だけの判断ではできないところもあり、市教委から可能な学習活動について通知してもらったことはありがたかった。また、このことは保護者にも市教委から通知してもらえた。

⑤現在、第二波に備えていること

・総合的な学習の時間、特に来年度に教育課程の持ち越しができない６年生の職場体験学習のカリキュラムが例年通り実施できないことから、オンライン職場体験と称して、プランを練っている最中である。

・高学年は家庭学習の内容を自ら考えて行えるような形に切り替えており、臨時休業した際にも自ら必要と思われる学習が進められるように指導しているところである。
・教職員や子どもが感染した場合、臨時休校するまで、あったとしても１日程度の猶予しかないと思われるので、すぐに４日程度の学習課題が出せるように予め心構えをしておくことを職員に指示してある。
・２学期以降の行事（運動会・修学旅行・校外学習等）を形を変えて実施せざるを得なくなった場合にどのようにするか様々な案を考えておく。

●東京都　区立小学校副校長●

①対教師：どういった準備を促したのか

27日（木）午前中の臨時校長会での指導課の方針を受け、中休みに臨時打ち合わせを行い、以下伝達した。
・本日中に学年毎に３／２（月）から１週間分の課題を作成し明日の最終登校日に児童に配布すること。
・それ以降は、以下のように工夫して１週間分程度を単位に課題を作成すること。
⑴ HP にアップし、各家庭でアクセスし印刷して取り組めるようにする。
⑵紙ベースで作成し、週末に保護者に取りに来てもらうようにする。
⑶新しい課題等の連絡は、副校長が緊急保護者メールで週の後半に通知する。
・学習にかかわる資料を学年単位でできるだけ HP にアップすること。（後日、ICT 環境が整ったため全学年が動画アップ実施）
・児童には、休業の意味とその期間の生活について指導すること。
・出勤時、公共交通機関を利用する際は、自身で感染防止に努めること。

②対子ども・保護者：どういった説明をしたのか

・児童には、28日（金）朝、校内放送で、校長から①世界中で感染症が広まってきていること、②感染症防止のために学校が臨時休業になること、③休業中は規則正しく生活し、時間を決めて学習すること等について伝えるとともに、学級指導で担任から課題等について具体的に伝えた。
・保護者には、Ａ４両面刷りの通知を28日（金）に発行した。内容は以下。
⑴臨時休校の通知と期間

⑵休業期間中の生活（①規則正しい生活　②健康管理　③外出自粛）
⑶休業中の学習（①学校からの課題　②「東京ベーシックドリル」へのアクセス方法　③自分の課題の設定と取組）
⑷３月以降の学校行事
⑸休業中の学校への連絡手段
⑹ＰＴＡ活動（登校時の旗振り中止等について別紙、ＰＴＡ本部からの通知参照）
⑺その他

③優先した事項１～３点

・保護者が今後の見通しをもてるように、通知文書の配布、緊急メール、HP への通知アップ等を活用し、わかりやすい表現でこまめに情報提供すること。
・休業期間中、児童が規則正しい生活を送り、衛生に留意して感染防止に努める意識を持続させるよう、保護者に伝えること。
・教員の健康管理（在宅勤務の割振り、教員室の飛沫防止ビニール設置等）と、職務への意欲を低下させないこと（担当教科の指導計画の見直し等の課題提示）。

④学校再開時に留意したこと

・校内の感染防止対策を図ること。
⑴教員、用務主事による校内、教室の毎日、児童下校後の消毒の徹底
⑵感染防止促進のための環境づくり（手洗い場待機線の設置、手洗い促進のポスター作成、保健室と図書室カウンターの飛沫防止ビニールの設置等）
⑶手洗い習慣の定着化（石鹸を切らさない、定時に手洗いの音楽を放送する、等）
⑷普通教室と特別教室の児童席の配置
⑸給食の配膳の仕方（教員による配食）
⑹学校の感染防止対策の取組についての保護者への PR
・授業時間の確保
⑴授業規律の徹底
⑵各教科各単元の指導計画の見直し
⑶授業確保のための登校日の設定、夏季休業期間は区の施策による。

・その他
⑴学年ごとの曜日による交代制での休み時間の外遊び
⑤現在、第二波に備えていること
・休業期間中から児童、保護者に呼びかけている感染防止策の継続的な実施
・アルコール除菌薬、液体手洗いせっけん、非接触体温計の確保

●東京都　区立中学校副校長●

①対教師：どういった準備を促したのか
○教職員の心身の健康の確保が学校運営の要と考え、教職員が感染しないよう、学校がクラスターとならないように最善を尽くす。
・通勤での感染防止のため、時差勤務、自宅勤務を周知、実施した。
・学年別登校日（週１回）以外は、外出を自粛するよう指導した。
・感染の疑い、濃厚接触者の疑いがあった場合の報告と対応を確認した。
②対子ども・保護者：どういった説明をしたのか
○臨時休業期間中は、生徒・保護者へ直接説明する
機会がもてなかったので、学校 HP、学校配信メールを活用したが、直近の登校日等の連絡程度しかできなかった。双方向のコミュニケーションが取れる体制をつくりたかったが、実現しなかった。
・卒業、入学式の実施の可否（区方針）決定までの間の説明ができず苦慮した。
・保護者会で直接説明する必要性を感じているが、６月末現在できていない。
・１～２週間に１回の学年別登校日を設定し、課題の提供、健康観察を行った。
③優先した事項１～３点
○卒業式の実施／卒業生を少しでも安心して卒業させること。
○学習保障／学習課題をプリントや HP で提供し、生徒・保護者の学習面の不安を取り除くこと。
○生徒への感染予防の指導／臨時休業期間中の生活、学習、健康安全について、周知、指導すること。
④学習再開時に留意したこと
○３分の１分散登校／３密回避（ソーシャルディスタンス）、マスク・手洗

いの励行、消毒等、安全・安心を担保しながらの、分散登校、授業等の教育活動の実施。また、昼食を再開４日後に提供開始したが、消毒等の感染防止の対策。

○生徒に対してアンケートを実施し、再開時の対応に活かした。また、その結果３割の生徒がストレスを訴えていたため、全生徒と担任が面談をすることにした。

〈アンケート結果・参考〉

学習に心配のある生徒　53.0%

友人関係に心配がある　13.6%

オンライン授業の活用　35.0%

ネット環境に問題ない　73.5%

○教育課程の変更

・運動会、文化祭の学校行事中止、修学旅行等の宿泊行事を延期・授業時間数確保のため長期休業日の短縮（夏季23日短縮、冬季２日短縮）

⑤現在、第二波に備えていること

○学習保障について、家庭学習の課題や双方向のオンライン学習など懸案があるが、現在の対応で精いっぱい。学校単体で取り組めることは少ない。

○教育課程の再編成にあたり、生徒の心身の状態を把握しつつ、無理のない教育活動計画を作成するよう配慮している。

○消毒等の負担増があり、組織的な対応を心掛けている。

●長野県　市立小学校校長●

①対教師：どういった準備を促したのか

・児童の健康観察チェック表を朝一番に確認する。

・具合の悪い児童が他の児童と接触することを最小限に留め、動線を他の児童と別にする。

・臨時休業になった場合に備え、予習的な内容を含む家庭学習や授業動画配信に向けた準備をする。

②対子ども・保護者：どういった説明をしたのか

・家庭での健康観察（検温等）の徹底を依頼した。

・学校で具合が悪くなった場合には、すぐに迎えに来るようお願いした。

・感染予防を第一に考え、行事等の中止や変更もあることを伝えた。

③優先した事項1～3点

・正しい情報を得ること。

・市教委との連携を図ること。

・保護者に丁寧な説明をすること。

④学校再開時に留意したこと

・臨時休業中の欠落時数を取り戻すために夏休みを短縮した。

・感染リスクの高い行事等は中止または延期にした。

・全員のマスク着用とソーシャルディスタンスを取ることを徹底した。

・当面の清掃は児童にやらせず、職員が行った。また、児童下校後に教室の消毒を行った。

・給食は全員が前を向いて食べ、なるべく会話を控えるようにした。

⑤現在、第二波に備えていること

・健康観察の徹底。

・マスク着用およびソーシャルディスタンスを意識した生活。

・学校行事の見直し。

●長野県　市立中学校校長●

①対教師：どういった準備を促したのか

・教職員も含めて、どうしても気がゆるみがちになるので、常に感染予防を念頭においた学校運営に取り組むようにする。

②対子ども・保護者：どういった説明をしたのか

・「大ピンチをチャンスにかえるしかない」

・様々な制約はあるが、単に高速で授業をこなすだけでなく、少しでも生徒たちが楽しんで学習に取り組むことができる工夫をする。

③優先した事項1～3点

・感染予防対策…学校予算、ＰＴＡ予算等によりマスク、体温計、フェイスシールド、消毒液等の購入

・家庭学習の準備…家庭訪問をして生徒に直接届ける。

④学校再開時に留意したこと

・夏休みの短縮、行事の精選等による授業時数の確保

・３カ月の休校後の登校であるので、少しずつ活動のレベルを上げるため、分散登校を有効活用した。

⑤現在、第二波に備えていること

・本校の所在する市は、情報端末が整っておらず、オンライン授業をすぐに実施できるという環境にない。しかし徐々に進めていくためにも、端末についての調査や各教科におけるオンライン授業のあり方の研修を進めていきたい。

●静岡県　市立小学校校長●

①対教師：どういった準備を促したのか

・今後、感染の状況によって対応の仕方が様々に変化していくことが予想されるが、子どもたちのためにできる最良の策を皆で考え、最善を尽くしていくよう呼びかけた。

・学期末のまとめに適した家庭学習の課題や教材、計画表等の準備・臨時休業中の健康・生活指導事項の共有と指導の徹底・臨時休業中における職員の勤務体制並びに勤務内容の確認・臨時休業中の子どもの健康状態の把握について

②対子ども・保護者：どういった説明をしたのか

・卒業や修了を迎えた大切な時期ではあるが、子どもたちの安全と健康を最優先に考えた緊急措置であることについての理解を求めた。

・市内統一で３月３日（火）より臨時休業としたため、前日３月２日（月）に子どもたちが学校に登校することができた。その際、家庭での過ごし方等について放送で指導を行った。

・保護者に家庭学習の見届けを依頼するとともに、子どもの頑張りを認め、励ましていただくようお願いした。

③優先した事項１～３点

・子どもの学力保障・子どもの健康安全指導・子どもの健康状態や家庭生活の状況についての把握

④学校再開時に留意したこと

・「やっぱり学校は楽しいところだ」と、どの子も思えるように、楽しい授業や全員参加の授業、誰一人置き去りにしない授業を心掛けること

・不登校児童をつくらないためにも、教室での笑顔やユーモアを大切にすること
・市で作成された新型コロナ危機管理マニュアルに沿って教育活動を進めること
⑤現在、第二波に備えていること
・子どもに自学の力を付けること
・学校・学年行事の再編成、縮減
・感染症予防にかかる消毒液等に係る財源の確保

●静岡県　前町立中学校校長・現町立小学校校長●
①対教師：どういった準備を促したのか
・本地区は３月３日から３月15日までが休校。３月２日を有効活用するよう指示。
・３月４日、５日に公立高校の入学者選抜を控えていたため、３年生の事前指導を確実に行うこと。
・生徒が２週間、計画的に学習できるよう適切な課題準備。さらに生徒に伝える内容の確認。
②対子ども・保護者：どういった説明をしたのか
・全校放送で、休校の意味を説明。保護者にはプリント配布
・生徒へ伝えたこと　休校となる理由⇒どういう行動をとらなければならないのか。／規則正しい生活と計画的な学習／感染予防＆免疫力アップ
③優先した事項１～３点
・２週間の家庭での生活の仕方。感染予防に留意し、規則正しい生活を送れるように。
・履修状況の確認。16日から再開された場合に今年度の学習内容を履修しきれるか、必要なら時間割を組み替えて対応する。
・令和元年度のまとめをする。卒業式の対応。学級のまとめをどのように行うか。
④学校再開時に留意したこと
・３月16・17・18日に授業を行い、19日の卒業証書授与式を縮小した形で実施した。16日からの３日間は「奇跡の３日間」であり、各学級、学年のまと

めをすることができた。
・４月７日に入学手続き、進級手続きを行い、子供に所属感と希望を持たせるよう配慮した。密にならないように、地区で時間を分けて実施。
・休校中、４月に１回、５月に３回分散登校を行った。28、29日は全員登校とし、段階的に学校再開に向けての準備を進めた。分散登校では、２時間、授業を行うことで、子供の家庭学習を支えた。
・授業時間確保のため、行事の見直しを行い、夏休み期間を大幅短縮した。
・３つの密を避ける工夫を話し合い、「新しい学校生活」として子供に周知した。

⑤現在、第二波に備えていること

・自学自習ができるように力を入れている。
・本町では全児童生徒がタブレットをもてるよう、準備を進めている。

●福岡県　市立小学校校長●

①対教師：どういった準備を促したのか

本市では、政府や県の動向を受け、年度末年度初めに次のような対策をとった。

○３月３日～３月23日臨時休業○３月17日卒業式（卒業生と保護者のみ）○３月24日修了式（放送で）○３月25日～４月５日春季休業○４月６日１学期始業式○４月７・８日午前中授業○４月９日～５月６日臨時休業○４月13日入学式（入学児童と保護者のみ）○５月７・８日臨時休業日追加○５月11日午前中授業○５月12日～20日臨時休業○５月21・22日分散登校○５月25・26日分散登校○５月27・28日分散登校○６月１日～６月５日一斉登校・給食後下校○６月８日～通常校時

この間、８回の臨時校長会を開き、本市の小中学校の足並みをそろえた。まず、本校職員には、本市教育委員会の方針と小学校校長会で確認し合った内容を正確に伝え、不安を取り除くことに留意した。その中で、臨時休業中の職員への感染予防のため、職員自らが手洗い・マスクの着用・三密回避などを意識付けさせ、在宅勤務日を割り当てたり、外食などの自粛をお願いしたりした。また、新型コロナウイルス感染にとても心配している保護者の気持ちも配慮し、気になる児童への家庭訪問以外は、電話を有効活用し、家庭学習の追加などはポストインで対応するように指示した。

②対子ども・保護者：どういった説明をしたのか

保護者への一連の情報提供については、教育長名と各校の校長名で本市教育委員会が作成したプリントを通してお知らせしたので、校長としては安心して保護者への説明ができた。内容的には、臨時休業期間や中止になった学校行事、ご家庭の生活でお願いしたいことなどを文書で説明した。さらに、緊急なお知らせについては、メールで伝えた。また、本市のホームページに学校教育の動きや家庭学習の取り組み方などを情報公開してくれたので、その内容を保護者へ紹介し、対応を図った。

③優先した事項１～３点

⑴各関係機関との連携や電話の有効活用で、気になる児童を中心とした安否確認を最優先した。

⑵最も多くの児童が集まることが予測される児童クラブ（放課後クラブ）の状況把握と支援体制づくりを職員で確認した。

⑶教材等の購入を含めた家庭学習の準備を行い、現時点で可能な限り学力を保障する対策をとった。

④学校再開時に留意したこと

○校内の感染防止対策をとること

⑴検温の徹底（基本は家庭でカードに記入。忘れた児童は、児童昇降口で検温をし、担任へ渡す）

⑵担任は児童を必ず教室で出迎え、手洗い、マスクの着用の呼びかけなどを行った。

⑶児童数が多いクラスについては、教室よりも広い特別教室（音楽室・図工室）へ移動し、机間の幅を可能な限りとるようにした。

⑷給食指導には、全職員を配置し、スムーズに配膳ができるように配慮した。児童の給食当番の人数を可能な限り減らし、当番にはマスク着用の徹底と手袋使用を厳守した。

⑸児童が多く接するドアノブなどの校内消毒を行っている。

○国語・算数を中心とした学力をつけるための教育課程の編成

⑴学校行事（体育会、１学期末懇談会、秋のふれあい祭り、バスを使った社会科見学等の中止）を見直し、夏季休暇中に10日間の出校日（７月下旬５日

間、８月下旬５日間）の設定、土曜授業６日間の設定で授業時間の確保を図った。

⑵短縮授業などの授業時数確保より、学習内容の焦点化などを行い、授業の質を高める工夫を行っている。

⑤現在、第二波に備えていること

学習を保障していくために、まず国語・算数を中心に授業内容を焦点化し、習熟を図ることは後にして授業内容を進めている。習熟については、三学期に行うことを考えている。万が一、第２波や新型コロナウイルスの感染者が出たことで臨時休業になった湯合でも、家庭学習で習熟を補えるようにと考えている。

●福岡県　市立中学校校長●

①対教師：どういった準備を促したのか

・長期休校になるため、必要な家庭学習の教材の準備をし、配布の際には学習の進め方を丁寧に行うこと、質問等があれば学校へ問い合わせてよいことを伝えるよう要請した。

・不用不急の外出を控えること、手洗い・うがいを徹底すること、外出の際はマスクを着用することなど、新型コロナウイルス感染症予防のための取組について指導するよう促した。

・休校期間中の子どもの健康状態を把握するため、学級担任を中心として組織体制をつくり、定期的に家庭との電話連絡を取るように指導した。

②対子ども・保護者：どういった説明をしたのか

・教育長、学校長の連名で保護者宛の文書を配布し、新型コロナウイルス感染症対応の臨時休校の趣旨を伝え、加えて、今後、子どもの学力・健康保障に向けて学校が取り組む方策について説明し、子ども・保護者の不安を払拭することに努めた。

また、感染予防のための取組について家庭での協力をお願いした。

③優先した事項１～３点

・市内で統一した臨時休校の具体的実施方法及び実施に向けた留意点の確認

・教職員、保護者・子どもへの情報提供と説明、家庭への協力依頼

・休校期間中の家庭学習教材の作成と配布、説明

④学校再開時に留意したこと

・感染予防のため、最初の１週間は、学級を２つに分割して登校日を分けた分散登校、次の１週間は午前中授業、その後に通常の授業と、段階的な学校再開を行った。

・家庭の検温と記録、登校時の手洗い、マスクの着用、児童生徒机上のシールドの設置、教職員による給食の配膳、子どもの清掃活動の見合わせなど感染防止柵を徹底した。

・休校時の様子などを問うアンケートを実施し、必要な場合は、学級担任やスクールカウンセラーによるカウンセリングを実施するなど、子どもの健康・精神状態の把握に努めた。

⑤現在、第二波に備えていること

・失われた授業時間を確保するために、学校行事等の見直しや学期末懇談会等の中止、土曜授業日と夏休み期間中の登校日の増設などを行っている。

・感染予防のために、新しい生活様式に従った学校生活の徹底を図っている。

・もしもの休校に備え、子どもたちの自学自習の力を育てる授業や家庭学習の工夫に取り組んでいる。

●佐賀県　前町立小学校校長・現初任者指導教員●

①対教師：どういった準備を促したのか

２月27日に突然出された首相の臨時休校要請には驚かされた。国内のコロナの流行はあったが、本県では発症者が出ていないこともあって、なぜ学校だけが、それも全国一律なのかと不思議に思ったことを記憶している。首相発言後すぐに職員から電話が数本入り、何をどうすればいいのかという戸惑いの声が聞こえた。とにかく、まだ「要請」段階なので、焦って物事を判断しないことや性急な児童・保護者への対応は慎むことを指示した。町の教育委員会や校長会の判断、県知事、県教委からの指示通達を待つ形ではあったが、休校に伴う児童への課題の準備や保護者への通達などの準備は進めていった。

②対子ども・保護者：どういった説明をしたのか

本町11校の児童性とは、３月２日に休校に入った。事前に１日余裕があったので、児童への対応は間に合わせることができた。それ以前にも、検温や手洗い・うがいの徹底、三密を避ける等の指示は行っていたし、保護者への学校便りや様々なお知らせによりコロナ感染予防については注意喚起をしていた。休業要請については、マスコミによる報道がされていたので児童や保護者の動揺も思ったほどなかったように感じた。休業中は家庭でできるだけ緊急対応をしてもらいたいとお願いをした。放課後・児童クラブの始まる午後に面倒が見られない保護者も、できるだけ祖父母や親戚縁者による支援をお願いした。どうしても児童の面倒を見られない保護者がいた場合のみ、午前中、学校でお世話をすることになっていたが、ほんの数名であった。

③優先した事項１～３点

校長としては、学習の遅れや学年末の未履修は気になった。担任によっては家庭学習の課題の質や量に違いがあったが、学年末の学習内容は、学校再開時に取り戻せると考えていたから、それほど問題視しなかった。それよりもまず心配だったのは、児童の心身のケアであった。

そこで、休業１週目に担任による家庭訪問を行い、児童の様子に変わったことがないかとか学習の進み具合とかを確認すること、何よりも会って「元気でね」と励ますことを担任にお願いした。

ところが、ある家庭から、「教職員が新型コロナに感染していたら児童に感染拡大させる可能性があるのに、家庭訪問とは何事か」とクレームが入った。そこで、電話連絡後、希望者のみに家庭訪問することになった。しかし、ほとんどすべての家庭では学校の取り組みに感謝の意を持たれていた。

④学校再開時に留意したこと

本県では３月16日から学校再開する予定であったのだが、13日に地元大学生のコロナウイルス感染が明らかになった。本県感染者第１号であったので、４月９日の入学式まで再び臨時休業となった。卒業式、修了式、辞任式、送別会等々、長年当たり前に実施してきた学年末の学校主要行事も、中止か極端な規模縮小でやらざるを得ない状況であった。それでも首相の緊急事態宣言までは学校は開いていたのだが、４月１日から５月６日までまた臨時休業となった。私は、３月31日をもって定年退職をしたが、その後は再任用で初任者指導教員として６名を受け持ち、４校を巡っている。５月の連休明けまでに、ほとんどの学校の今後の対応が話し合われたように思う。以下列挙してみる。

・マスク着用、消毒液の使用、手洗いの励行の奨励・職員による学校内の消毒・児童への消毒（朝登校時）・三密を避け、ソーシャルディスタンスを徹底させる。・多人数の学級を少人数化して授業を行う。２クラスを３クラスへ・座席、給食の並び方、掃除の仕方、対話活動の制限、音楽の歌唱、水泳の中止等、学習についての制限を多数行っている・運動会、修学旅行の延期・家庭訪問中止、授業参観中止・ＰＴＡ活動の制限・夏季休業の期間が、７月24日～８月23日まで、あるいは８月１日～８月23日のように短縮されている。・授業時間確保のため、授業時間割変更をして授業時間を増やしたり、土曜日等活用授業日（土曜開校）を取り入れたりしている。また、朝の時間をモジュール化して授業時間にカウントしたり、カリキュラムの祖み替えによる学習進度を速めたりとあらゆる手段で時間確保の努力をしている。

⑤現在、第二波に備えていること

新しい生活様式の確立に向けて、これまで行ってきた様々なコロナ感染予防対策を習慣化するよう、各学校努力されている。この状況に児童も慣れつつあるのだが、児童同士の些細なトラブルの時に、「コロナ」とか「新型感染症」など、差別やいじめにつながる言葉を発した児童がいたので、保護者も交えて厳しく指導し相手へも謝罪させた。

第二波に備えては、インフルエンザを含めた感染症予防について、保健衛生上の予防と生活習慣の見直しを引き続き指導していく。さらに、思いやりや優しさなど、人権意識に配慮した指導を各学校ともしっかり行うべきだと考える。

●佐賀県　市立中学校校長●

①対教師：どういった準備を促したのか

・本市は荒天時等も含め、市教育委員会の危機管理対応が迅速である。今回も市内小中学校が共通して対応できるように、27日以降、休日も含め複数回の臨時校長会が開催され、対応策について協議を行った。

・校長は市校長会の決定事項を受けて、教職員に対して緊急事態であることを認識したうえで冷静な対応を行うように指導を行い、学校としての具体的な対応策の説明を行った。

②対子ども・保護者：どういった説明をしたのか

・保護者に対しては、市教育長名で「市内小中学校の臨時休業に係る対応について（お知らせ）」を配布し、臨時休業の不安を払拭するとともに、家庭での対応についてのお願いを行った。

・生徒に対しては、登校最終日に放送で指導を行った。校長から臨時休業の目的と意義の説明、コロナに係る差別や偏見について指導を行い、臨時休業中の具体的な生活については、生徒主事が指導を行った。

・各生徒に対して、１回以上の家庭訪問、電話連絡を行い、状況の確認や課題の指示等を行った。

③優先した事項１～３点

・教職員、保護者、生徒への正確で分かりやすい情報提供と対応の徹底依頼・臨時休業中の課題の作成と配布・家庭訪問、電話連絡等による生徒の状況把握

④学校再開時に留意したこと

・教職員の共通理解と共通実践のためのマニュアル（指示）の作成と説明・保護者の職業に係る「コロナいじめ」等に関する差別や偏見に対する指導と対応

・授業時数確保及び少人数授業、広い場所での授業等の実施のための細案作成

※学校再開及び給食開始や夏季休業期間等の保護者宛通知文書は、市教育委員会が迅速に作成配布

⑤現在、第二波に備えていること

・学校における新しい生活様式に従い、できるだけ感染のリスクを下げながら、授業時数確保に努めている・家庭のインターネット環境調査の実施

ポストコロナ時代の新たな学校づくり

2020年 9 月15日　初版第 1 刷発行

●編者●　髙階玲治（たかしなれいじ）

●発行人●　花岡萬之

●発行所●　学事出版株式会社
〒101－0021　東京都千代田区外神田2-2-3
電話　03－3255－5471
http://www.gakuji.co.jp

●印刷・製本　精文堂印刷株式会社
●表紙デザイン　精文堂印刷デザイン室／内炭篤詞

ISBN978-4-7619-2660-1　C3037

校長の実践的学校経営論

54人の校長が考え、実践したこと

宇田津 一郎
藤原 善行 ［編著］

未来の学校づくり
コミュニティ・スクール導入で「地域とともにある学校」へ
木村直人 文部科学省大臣官房会計課
相田康弘 文部科学省総合教育政策局地域学習推進課